Heinrich Pera

Sterbende verstehen

Heinrich Pera

Sterbende verstehen

Ein Leitfaden
zur Sterbebegleitung

*Mit einem Begleitwort von
Paul M. Zulehner*

Herder

Freiburg · Basel · Wien

Ich habe keine Lehre.
Ich zeige nur etwas.
Ich zeige Wirklichkeit.
ich zeige etwas an der Wirklichkeit,
was nicht oder zu wenig gesehen worden ist.
Ich nehme ihn, der mir zuhört, an der Hand
und führe ihn zum Fenster.
Ich stoße das Fenster auf und zeige hinaus.
Ich habe keine Lehre, aber ich führe ein Gespräch.

Martin Buber

(Aus: Ders., Auf die Stimme hören. München 1993)

Gedruckt auf umweltfreundlichem,
chlorfrei gebleichtem Papier

2. Auflage

Umschlaggestaltung: Neil McBeath, Stuttgart
Umschlagmotiv: © Stock Imagery/Bavaria

Alle Rechte vorbehalten – Printed in Germany
© Verlag Herder Freiburg im Breisgau 1995
Satz: Barbara Herrmann, Freiburg
Belichtung: Johannes Schimann
Druck und Bindung: Freiburger Graphische Betriebe 1996
ISBN 3-451-22769-X

Inhalt

Begleitwort

Paul M. Zulehner

Daß Gottes Reich komme, das ist Jesu Sendung und folglich Auftrag an seine Christinnen und Christen, die seine Kirche bilden. Reich Gottes aber meint – wenigstens spurenhafte – Umwandlung des Lebens der Menschen und der ganzen Welt hinein in jene Gestalt, die Gott eröffnet hat und die unter großen Schmerzen geboren wird. Wo solche Spuren des Reiches Gottes durch die Mitwirkung der Kirchen wachsen, geschieht Seelsorge. Ihr vorrangiges Ziel ist daher nicht die Zugehörigkeit zur Kirche, sondern Mitarbeit an der Umgestaltung der Welt. Darin geschieht „Pastoral".

Solches pastorale Tun ereignet sich in allen Lebensphasen des Menschen, von denen heute das verdrängte Sterben zunehmend an Bedeutung gewinnt. Zu viele Menschen sterben in unseren Gesellschaften außerhäuslich, nicht dort also, wo sie „daheim" waren; dazu führte der medizinische Fortschritt ebenso wie die Tatsache, daß die Wohnungen zu klein sind, die Angehörigen ihre Lebenszeit beruflich binden müssen und auch die pflegerische Kompetenz verkümmert ist.

Die Antwort auf diese menschenunwürdige Situation heißt Verhäuslichung des Sterbens. Künftig, so verlangte der Mailänder Kardinal Carlo M. Martini im Namen der Bischöfe bereits 1989 in Rom, müsse es möglich sein, daß so, wie die Eltern die Kinder in die Welt begleiten, die Kinder ihre Eltern aus der Welt begleiten. Damit solches möglich wird, braucht es nicht Euthanasieprogramme, sondern eine finanzielle Entlastung der Angehörigen zur Pflege alter und sterbender

Angehöriger daheim. Größere Wohnungen sind nötig, wo Angehörige und Sterbende miteinander sein können. Schließlich braucht es eine neue pflegerische Kompetenz.

Hospizbewegungen sind ein Schritt auf dem Weg der Verhäuslichung, eine Art Zwischenstation für jene Zeit, welche die Verhäuslichung braucht, und Gaststätte für jene Sterbenden und Angehörigen, die ein Sterben daheim wünschen, aber aus vielen Gründen (noch) nicht realisieren können.

Das vorliegende Buch erzählt von und ermutigt zu einer neuen Sterbekultur, wie sie im Umkreis der Hospizbewegung zur Zeit in vielen Ländern entsteht. Ein Wegbegleiter für Angehörige und Freunde soll es sein, um Sterbende verstehen und ihnen beistehen zu können. Der Verfasser dieses Buches ist selbst ein Erfahrener. Er kennt Unfall und Leid in seinem eigenen Leben ebenso, wie er Erfahrungen in Krankenhäusern und auch in der Hospizbewegung gesammelt hat. Weiterhin ist er seit 1992 der ehrenamtliche Geschäftsführer der ‚Bundesarbeitsgemeinschaft Hospiz e.V.‘ in Deutschland.

Einzelne Anliegen des Buches verdienen stichwortartige Hervorhebung: daß Begleitung nicht nur den Kopf, sondern den ganzen Menschen braucht und meint; die Balance zwischen Begleitung in Freiheit und behütetem Alleinsein, heilender Nähe und notwendiger Distanz; trösten, nicht vertrösten; vor allem, daß Leben zum Sterben gehört und daß das Leben intensiver geschieht, wenn das Sterben nicht ausgeblendet bleibt: „Herr, lehre mich meine Tage zählen, damit ich ein weises Herz gewinne" (Psalm 89).

Um der Sterbenden und ihrer Angehörigen willen wünsche ich dem Buch weite Verbreitung.

Warum ich tue, was ich tue –

Einführung und Einstimmung

Bevor Sie, liebe Leserin, lieber Leser, ein Gespräch mit meinen Erfahrungen der Sterbebegleitung beginnen, möchte ich mich bei den Menschen bedanken, die Begegnungen und Begleitungen erlaubten und mit mir durchlebten. Einen Sterbenden im Alleingang zu begleiten ist aus meiner Sicht ein Unding. Deshalb waren und sind die Erfahrungen und der aus ihnen erwachsene Leitfaden nur möglich durch das Miteinander und durch das Tragende eines menschlichen Teams vielfältiger Gaben und Begabungen. Meinen Dank will ich auch Kathrin Dietl sagen für ihre einfühlsamen Schreibarbeiten, die mir sehr dabei halfen, daß dieses Buch entstehen konnte.

Durch meine Lebensgeschichte bin ich mit vielen Patienten in Kontakt gekommen. Habe selbst Leid erlebt. Bin viele Fluchtwege gegangen, habe viele Umwege gemacht. Begegnung mit Leid ist ein Prozeß der Selbstannahme geworden: Annahme meiner Begrenztheit, meiner Krankheit und der Mühe, täglich neu das Leben zu gestalten. Auch mußte ich schnell begreifen: Einen Menschen in seiner Krise begleiten setzt voraus, daß ich selbst Menschen habe, mit denen ich über mein Erleben, meine Fragen, Ängste und Zweifel sprechen kann. Teamarbeit ist keine Modeerscheinung, sondern notwendige Voraussetzung für begleitende Dienste, wie auch – andererseits – die Erfahrung, daß ein Mensch letztlich nur für sich selbst entscheiden kann. Alle Hilfe muß ausgerichtet sein auf das eigentliche Ziel, daß ein Mensch sich selbst annimmt und sein Leben gestaltet.

Stationen meines Lebensweges: Als Kind hatte ich einen Unfall und bin durch eine Netzhautverletzung auf einem Auge fast blind. Zu Beginn meines Studiums traten sehr starke Kopf- und Augenschmerzen auf. In unterschiedlichen Kliniken wurde ich untersucht, diagnostiziert und behandelt. Diese eigene Leiderfahrung ist verbunden mit ambulanten und stationären Behandlungen, mit vielen Ängsten und vielen Fluchtwegen.

Eine Überweisung an die Unversitätsklinik Köln erwies sich als notwendig. Dort wurde ich zwei Jahre stationär und ambulant behandelt. In dieser Zeit studierte ich Medizin. In den Semesterferien arbeitete ich als Praktikant und Famulus in mehreren Krankenhäusern. Nach Beendigung der Untersuchungen und Therapien kehrte ich nach zweieinhalb Jahren nach Mitteldeutschland zurück und setzte in Erfurt mein Theologiestudium fort. In den Ferien arbeitete ich in einem kleinen Krankenhaus in der Lausitz, um etwas Geld zu verdienen und meinen Krankendienst fortzusetzen. Ich bin mit dem Abschluß des zweiten Vatikanischen Konzils zum Priester geweiht worden und habe im wahrsten Sinne des Wortes gedacht: Jetzt wird alles anders, jetzt wird alles neu.

In der Gemeinde, in der ich tätig wurde, habe ich einige Stunden wöchentlich im städtischen Krankenhaus als Pfleger gearbeitet. Dadurch hatte ich direkten Kontakt zu den Patienten und Mitarbeitern. Mein Aufgabenbereich war die Betreuung von Prostatikern in der chirurgischen Ambulanz. Dieser Dienst schloß die ersten intensiven Begleitungen von Menschen in ihrem Sterben, bei ihrem letzten Lebensabschnitt ein.

Die politische Situation erlaubte jedoch den priesterlichen Dienst eines Vikars in einem staatlichen Krankenhaus nicht. Predigen durfte man nur in einer Kirche aus Stein. So wurde als Bedingung für meine Tätigkeit eine staatliche Qualifizierung als Pfleger mit Fachschulabschluß verlangt. Ich ließ mich ausbilden, konnte dann den Fachschulabschluß vorlegen und arbeitete weiter im pflegerischen und priesterlichen Dienst, begleitete manche Menschen bis ans Grab und gab, soweit gewünscht, ihren Angehörigen Trauergeleit.

In einer persönlichen Lebenskrise flüchtete ich in die Arbeit, mit dem Ergebnis, daß erneut eine Sehnerventzündung auftrat. Nach der stationären Behandlung in einer Spezialaugenklinik wurde mir die Naharbeit am Schreibtisch untersagt. Ich arbeitete dann über zwei Jahre auf einer Wachintensivstation als Pfleger. Diese Zeit vieler Begegnungen mit Patienten, aber auch mit Schwestern und Ärzten waren für mich eine intensive Lebensschule. Ich erlebte immer wieder, wie sehr – neben dem Pfleger – auch der Glaubende und der Seelsorger erwartet und benötigt wurden. Am Anfang stand für mich die schockierende Erfahrung, wie leicht ich als Theologe und Priester über das Dienen, über die Nächstenliebe und Demut gepredigt hatte und wie schwer es mir dann selber fiel, diese Grundhaltungen im alltäglichen Dienst konsequent mit Leben zu füllen. Da ging es um intensives und auch schmerzliches Umdenken, um einen tiefen Wachstumsprozeß. Und ich entdeckte, wie sehr ein Mensch und auch ein Priester in einer Krise auf sensible Mitmenschen angewiesen ist. Das Amt ist das eine, die echte und gefüllte, glaubwürdige Menschlichkeit das andere, und die kann niemand mit dem Kopf studieren, sondern muß sie vor allem mit dem Herzen er-lernen.

Zu diesem Prozeß gehörte für mich auch, daß ich als Gast der evangelischen Kirche eine lebenspraktische Ausbildung in Einzelseelsorge und Beratung mitmachte. Sie war für mich in dreierlei Richtung wichtig und unersetzlich, ging es dabei doch darum,

✦ eine fachliche Kompetenz in Gesprächsführung und ein Grundwissen über psychiatrische und psychische Erkrankungen zu erwerben,

✦ mich selbst als Mensch – mit guten Fähigkeiten und auch manchem Schatten – wahrzunehmen und damit umgehen zu können,

✦ und zu wissen, daß ich den Dienst am kranken und todkranken Menschen nur in einem Team wagen kann, daß das Lernen eigentlich nie aufhört, sondern daß ich ein Lernender bleiben muß bis in mein eigenes Sterben hinein.

1975 bekam ich den Auftrag, als Klinikseelsorger in den staatlichen Krankenhäusern in Halle meinen Dienst aufzubauen. Die nicht selten nur einmaligen Kontaktmöglichkeiten mit Patienten – vor allem mit jenen, die physisch und psychisch schwer zu leiden haben – erschienen mir mehr und mehr als unzureichend. In einer Gruppe von Ärzten und Seelsorgern wuchs daher bald die Idee einer Krisenberatung. Wir gaben ihr den Namen „Zeit-Oase". Als unser Symbol für diesen neuen Ort der Begegnung im Gespräch, des Zur-Ruhe-Kommens, des Sich-öffnen-Könnens, der Entlastung, des Suchens und auch der Sammlung von kleinen Selbsthilfegruppen, wählten wir das Bild einer offenen Tür.

In der damaligen Zeit – vor der Wende – war eine solche Begegnungsstätte für Menschen in Krisen nur im Schutz der Kirche möglich. So sind wir bis heute froh, am Sankt Elisabeth-Krankenhaus in Halle diesen Ort anbieten zu können. Seit 1978 boten wir zweimal wöchentlich für zwei bis drei Stunden die Möglichkeit zur Krisenberatung an. Hier entstanden nach vielen Einzelgesprächen auch die ersten Selbsthilfegruppen. Krebs- und Dialysepatienten treffen sich seitdem einmal monatlich zum gemeinsamen Austausch ihrer Erfahrungen, zum gemeinsamen Wahrnehmen ihrer Möglichkeiten. Dies nenne ich das Heilende in einer Gruppe und gebe folgende Hinweise, wie sich Patienten bei diesen Zusammenkünften erleben können:

Zeit-Oase

Zeit und Hilfe für Sie
in Konfliktsituationen

✦ Ich bin nicht allein betroffen.

✦ An diesem Ort kann ich alles aussprechen, Entlastung geschieht durch Mitteilen.

✦ Eine(r) ist des anderen Therapeut. Die Gespräche gehen vom „Warum?" zum „Wie kann ich es bestehen?"

✦ Ich bin, wie ich bin. In meiner Krise, in meinem Leiden geht es darum, daß ich eine neue Identität für mich entdecke.

✦ Dies muß ich nicht allein tun, sondern Auch-Betroffene haben das gleiche Ziel und helfen sich gegenseitig, eine lebendige Gruppe unterstützt ein lebendiges Ich.

✦ Ich bin nur Ich durch ein Du, Begegnung schenkt Hoffnung und Leben.

1985 hielt ich mich für vier Wochen – auf Einladung der englischen Kirche – zu einer Hospitation in vier englischen Hospizen auf. Diese Erfahrung hat mich noch mehr motiviert, den Gedanken der Hospizbewegung in Halle lebendig zu machen. So bildete sich ein kleines Team aus zwei Ärzten, zwei Krankenschwestern, einem Sozialarbeiter und mir. Wir suchten mit Schwerkranken, die ihren letzten Lebensabschnitt zu Hause leben wollten, nach Wegen, diesen ihren Wunsch zu erfüllen. Für mich ist Begleitung eines Menschen auf seinem letzten Lebensabschnitt und seiner mitbetroffenen Angehörigen Grundrecht eines jeden Menschen und zugleich nicht gepredigter, sondern gelebter Glaube. Fachliche Kompetenz und menschliche Qualitäten sind dafür unabdingbare Voraussetzung. Ich persönlich halte die ganzheitliche Begegnung für absolut entscheidend in einem solchen gemeinsamen Tun. Gern nehme ich das Bild von einem Stuhl, der an Stabilität verliert, wenn ein Bein fehlt. So geht es bei der Begleitung Leidender und Sterbender darum, nicht nur als kompetente(r) Pfleger(in), Krankenschwester oder Arzt mit diesen Menschen in Kontakt zu treten, sondern auch und vor allem als Person.

Kurz vor der politischen Wende im September 1989 haben wir in Halle ein Hospizwochenende durchgeführt. Hospizler aus England, Aachen und München haben mit uns die Möglichkeiten, aber auch die Grenzen der Hospizarbeit interessierten Ärzten, Schwestern und Seelsorgern vorgestellt. In der folgenden Zeit entstanden die ersten Helfergruppen. In der Zwischenzeit gibt es zwölf Helfergruppen. Alle Teilnehmer(innen) erhalten eine Schulung (Grundseminar)

und erklären sich zunächst für ein Jahr bereit, zwei bis vier Stunden wöchentlich ihrer Kompetenz entsprechend – ehrenamtlich – Schwerkranke in ihrer gewohnten Umgebung zu Hause, im Krankenhaus oder Altenheim zu begleiten. Monatliche Treffen helfen bei der Bewältigung dieser Begegnungen und dienen der Entlastung und Aufarbeitung.

Unsere Dienste sind vom christlichen Menschen- und Gottes-Bild geprägt. Wir sind weltanschaulich nicht neutral, doch achten wir sehr darauf, die persönlichen Überzeugungen sowohl der Hilfesuchenden als auch unserer Helfer und Helferinnen zu respektieren. Wir sind offen für alle Menschen, unabhängig von Geschlecht, Rasse und Herkunft, ihrem Glauben, ihrer politischen Anschauung, ihrem Einkommen und Vermögen und der Krankheit, an der der Mensch leidet. Für uns ist es selbstverständlich, daß wir ein Leben nicht künstlich verlängern, wohl aber schmerz- und symptomlindernde Maßnahmen mit den Ärzten einleiten und vornehmen und auf keinen Fall ein Leben verkürzen. Aktive Sterbehilfe wird von uns strikt abgelehnt: keine Hilfe zum Sterben, das als letzter Schritt zum Leben des Menschen gehört, wohl aber optimale Hilfe beim Sterben.

Aus unseren Erfahrungen entstand für die Schritte ganzheitlicher Sterbebegleitung dieses Symbolbild:

✦ Wir sehen den Menschen, ob Patient, ob Familienmitglied oder Begleiter immer in seiner Ganzheit (*Kreis*).

✦ Wir bieten eine Weggefährtenschaft an und benötigen sie auch selbst – wir sind Verbündete (*Kreis*).

✦ Leben soll bis zuletzt in häuslicher Umgebung ermöglicht werden (*Haus*).

✦ Geborgenheit und Schmerztherapie sind vorrangige Ziele (*Baum*).

Diese Symbole drücken die Sehnsucht aller Menschen aus und sind für uns auch Hinweise zu einer möglichen christlichen Sichtweise. Wir wollen aber gerade in unserer Gegend, wo fast 70 Prozent der Menschen keinen Kontakt zu christlichem Glauben haben, nicht vereinnahmen. Aus christlicher Sicht bedeutet unser Symbolbild: Der Bund Gottes mit allen Menschen, sein Haus hier und dann. Vom Baum des Lebens erfahren wir Heil und Erlösung.

So ist die Begleitung eines Sterbenden für uns immer Lebensbeistand und beinhaltet die Selbsterfahrung: Zu meinem Leben gehört Sterben, mein Sterben. Ich kann nur Trost und Zuversicht sein, soweit ich selbst getröstet und gestärkt bin. In einer Begleitung erfahre ich Geben und Nehmen. Danach bin ich nicht mehr derselbe. Ganz wichtig für mich ist das eigene Erfahren von Partnerschaft, von Mich-fallen-lassen-Können, von Angenommensein durch ein konkretes Du.

Noch eine andere Aufgabe erwuchs aus diesen Erfahrungen: Wir erleben uns selbst und die Angehörigen nach dem Loslassen des Sterbenden in großer

Not, denn Trauer leben zu können ist für heutige Menschen nicht selbstverständlich. Zu schnell klammern wir den – Zeit und inneren Raum beanspruchenden – Prozeß der Trauer aus und erschweren durch verhindernde Verhaltensweisen eine Aufarbeitung. Wir werden in Kapitel 9 ausführlicher darüber sprechen. In Halle boten wir zunächst alle Vierteljahre die Möglichkeit, an einer Trauergesprächsrunde teilzunehmen. Seit 1990 bieten wir alle sechs Wochen einen solchen Gesprächskreis an, mit dem anschließenden Angebot zu einem offenen Gottesdienst. Im Trauerjahr laden wir zu diesen Begegnungen jeweils schriftlich ein.

Ich erfahre diese Gespräche und Begegnungen als organisch gewachsene Lebensphase der Familienangehörigen Verstorbener, die hier miteinander Schritte tun, ihre veränderte Situation annehmen und gestalten zu können.

Ich möchte noch einmal betonen, wie wichtig für mich das Wachsen und Reifen einer Hospizarbeit vor Ort, im Lebensraum Betroffener und Mitbetroffener ist.

1
Grundsätze der Hospizarbeit

(1) Hospizarbeit bzw. Hospizerfahrung ist eine Station auf dem Weg in eine erhoffte Zukunft. Sinn und Ziel der Hospizarbeit ist die Begleitung von Menschen in der schwierigen Endphase ihres Lebens, unabhängig von Hautfarbe, Religion, Nationalität und sozialer Herkunft.

(2) Hospiz betrachtet das Sterben als einen Teil des Lebens und damit als einen Vorgang, der weder verdrängt noch künstlich verlängert werden muß. Liebevolle Zuwendung kann diese Phase neu mit Sinn erfüllen und die Hoffnung stärken, daß Sterben und Tod nicht das letzte Wort haben müssen.

(3) Diese lebensbejahende Grundhaltung schließt eine aktive Euthanasie aus. Ziel ist es vielmehr, daß der Kranke möglichst ohne Beschwerden bis zuletzt leben kann, umsorgt von Familie, Freunden und Betreuern.

(4) Zur Würde des Menschen gehört, daß er bis zuletzt als Person ernstgenommen wird. Diese Haltung erfordert Wahrhaftigkeit im Umgang mit dem Kranken, der als Gleichberechtigter und als Lebenslehrer geachtet wird.

(5) Hospiz/Sterbebegleitung achtet die religiöse Überzeugung des kranken Menschen. Darum werden Hospizmitarbeiter(innen) ihre eigenen religiösen Überzeugungen nicht aufdrängen, sie aber auch nicht verleugnen, wenn sie nach ihnen gefragt werden.

(6) Hospizarbeit schließt das soziale Umfeld des Kranken mit ein und bietet Hilfestellungen an, um den bevorstehenden Abschied zu bewältigen. Auf Wunsch wird die Familie über den Tod des Kranken hinaus begleitet.

Ein Gedicht von Hilde Domin zeigt die Einmaligkeit und Bedeutung der Begegnung mit Sterbenden und ihrer Begleitung für uns:

> *Jeder, der geht,*
> *belehrt uns ein wenig*
> *über uns selber.*
> *Kostbarster Unterricht*
> *an den Sterbebetten.*
> *Alle Spiegel so klar*
> *wie ein See nach großem Regen,*
> *ehe der heutige Tag*
> *die Bilder wieder verwischt.*
> *Nur einmal sterben sie für*
> *uns, nie wieder.*
> *Was wüßten wir je ohne sie?*
> *Ohne die sicheren Waagen,*
> *auf die wir gelegt sind,*
> *wenn wir verlassen werden.*
> *Diese Waagen, ohne die nichts*
> *sein Gewicht hat.*
> *Wir, deren Worte sich verfehlen,*
> *wir vergessen es. Und sie?*
> *Sie können die Lehre nicht wiederholen.*
> *Dein Tod oder meiner*
> *der nächste Unterricht?*
> *So hell, so deutlich,*
> *daß es gleich dunkel wird.*[1]   Hilde Domin

2

Leben ist Begegnung

„Alles wirkliche Leben ist Begegnung", so sagt der jü-
dische Weise Martin Buber. Täglich begegnen wir vielen Menschen, und all die Begegnungen sind für uns
meistens selbstverständlich. Erst in einer Krise, durch
Krankheit, mit dem Zerbrechen einer Partnerschaft,
einer Freundschaft und häufig auch im Alter eines
Menschen nehmen die Begegnungen ab, verändern
sich, wechseln oder bekommen plötzlich eine ganz andere Bedeutung.

Was macht wirkliche Begegnung aus? Ist jedes Zu-
sammentreffen mit anderen Menschen immer auch
eine Begegnung? Wohl kaum. Begegnung heißt für
mich: der „Kon-takt", das „Zusammen-treffen" zweier Personen; Begegnung beginnt und geschieht im
Wahrnehmen eines Du und über das Du im Wahrnehmen meines eigenen Ich. Erst in dieser Weise der Begegnung kann ich entdecken: Wir sind miteinander
und füreinander da, nehmen teil, haben Interesse aneinander, sehen einander.

Damit es zu wirklicher Begegnung kommt, braucht es
in jedem der beiden sich Begegnenden bestimmte
Grundhaltungen. Denn es gibt nach unserem Sprach-
gebrauch auch „Be-gegnungen", die keine echten Begegnungen sind, sondern eher Ent-gegnungen. Diese
können mit Angst erfüllt sein oder mit Widerstand.
Manchen, die meinen Weg kreuzen, vielleicht täglich,
möchte ich ausweichen. Jeder von uns kennt ja Menschen, um die er gern einen Bogen macht, mit den Augen und mit den Füßen. Echte und dann auch immer

willkommene oder gewünschte Begegnung lebt aus bestimmten Voraussetzungen, wie etwa:

✦ Ich habe Achtung vor der anderen Person.

✦ Ich vertraue ihr, denn das Vertrauen ist die Brücke, die in der Begegnung vom Ich zum Du und vom Du zum Ich führt.

✦ Es kommt zur Begegnung, wenn ich höre. So können Beziehungen wachsen.

✦ Ich respektiere beim Hören die Freiheit und das Anderssein des anderen.

2.1
Begegnung – das schöne, schwere Spiel von Nähe und Distanz

Zur Begegnung zweier Personen gehört das rechte Verhältnis zwischen Distanz und Nähe. Ist die Distanz zu groß, kann keine Begegnung entstehen, da ich den anderen gar nicht höre. Bin ich zu nahe, kann es passieren, daß ich mehr mein eigenes Herz schlagen höre, als daß ich wahrnehmen kann, was der andere sagt.

Die Kunst des Hörens zeigt sich im ausgewogenen Verhältnis zwischen Distanz und Nähe. Hier ist nicht nur Distanz und Nähe auf der Ebene der Worte gemeint – jeder läßt den anderen „zu Wort kommen" –, sondern der ganzheitlichen Begegnung: „Ich bin ich, und du bist du. Ich bin nicht auf der Welt, um dich glücklich zu machen, und du bist nicht auf der Welt, um mich glücklich zu machen. Wenn wir uns aber wirklich begegnen, ist es wunderbar" (Fritz Perls). Wenn wir uns aber wirklich begegnen – im Hören, im Wort, im Erspüren, im Respekt, in der Sym-pathie – und im Lassen und Loslassen.

2.2

Der Verlust an Nähe, der alle trifft

Wir erleben uns in einer Welt, die technisch immer vollkommener wird, d. h. vielfältiger, erlebnisreicher, vielleicht auch interessanter. Ist diese unsere Welt aber auch erfahrungsreicher, menschlicher, seelisch gesünder geworden? Die Zahl der psychosomatisch Erkrankten hat zugenommen. Mit großer Hilflosigkeit stehen wir vor dem Problem der Suchtkranken. Immer mehr Menschen leiden an Depressionen. Es sind nicht wenige, die ihr Leben nicht mehr aushalten. Sie wollen leben, aber nicht so. Partnerschaften zerbrechen. Vorruheständler, Arbeitslose, Behinderte und ältere Menschen fühlen sich überflüssig, an den Rand gedrängt.

Es ist nicht nur bei Minusgraden kalt geworden. „Ich aber liege im Eisverhau meiner Verwundungen", so schreibt Ingeborg Bachmann. Aus eigener Erfahrung vielleicht weiß jeder von uns: Unterkühlung vertreibt Schmerzen, und so kann es passieren, daß viele menschliche Verwundungen nicht mehr als Schmerz erlebbar sind. Viele Menschen leben in den Städten räumlich sehr eng beieinander und leiden doch am Verlust menschlicher Nähe. Schier endlose Möglichkeiten stehen zur Verfügung, uns zu entfalten, zu verwirklichen; der Psychomarkt ist unübersehbar. Aber zugleich entdecken wir, daß viele Lebensäußerungen versanden, wenn menschliches Leben zu stark vom Haben, vom Leisten und vom Konsum bestimmt wird. Unsicherheit, Neid, Gewalt sind konsequente Folgen.

Den Verlust an Nähe, die Dominanz der Distanz hat Ingmar Bergmann schon vor Jahren bildhaft pointiert in seinem Film „Szenen einer Ehe" vor Augen geführt:

„Mitten in der Nacht in einem dunklen Haus, irgendwo in der Welt", ist eine Szene aus diesem Film betitelt:

„In der Nacht wacht Marianne auf und ruft laut vor Angst. Johan macht die Nachttischlampe an und versucht, sie in den Arm zu nehmen. Sie stürzt aus dem Bett und beginnt, im Zimmer auf und ab zu gehen. Johan wartet stumm darauf, daß sie etwas sagt.

Marianne: *Ich verstehe nicht, wie es kommt, daß ich so schrecklich träume. Woran kann das liegen? Was glaubst du?*

Johan: *Du hast vielleicht etwas Schlechtes gegessen.*

Marianne: *Glaubst du?*

Johan: *Woher soll ich das wissen?*

Marianne: *Nimm mich in die Arme. Mir ist so schrecklich kalt. Obwohl mir ganz heiß ist. Glaubst du, daß ich krank werde? Die Kinder haben gerade eine Erkältung hinter sich.*

Johan zärtlich: *So. Paß auf, gleich wird's besser.*

Marianne: *Zieh mir die Decke noch weiter über die Schultern. So, ja, jetzt ist es gut. Jetzt ist es viel besser.*

Johan: *Kannst du dich nicht erinnern, was dich erschreckte?*

Marianne: *Wir haben einen gefährlichen Weg vor uns oder so etwas Ähnliches. Ich will, daß ihr meine Hände haltet, damit wir uns aneinander festhalten können.* Erschrocken: *Aber es geht nicht. Ich habe keine Hände mehr. Ich habe nur ein Paar Armstümpfe, die an den Ellbogen enden. Gleichzeitig rutsche ich auf weichem Sand aus. Ich kann euch nicht erreichen. Ihr steht da oben auf dem Weg, und ich kann euch nicht erreichen.*

Johan zärtlich: *Das war aber ein schrecklicher Traum.*

Marianne nach einer Pause: *Johan!*

Johan: *Ja, mein Kleines.*

Marianne: *Glaubst du, wir leben in absoluter Verwirrung?*

Johan: *Was meinst du mit Verwirrung?*

Marian: *Furcht, Unsicherheit, Unverstand. Ich meine Verwirrung. Daß wir insgeheim einsehen, daß es bergab geht. Und daß wir nicht wissen, was wir unternehmen sollen.*

Johan: *Ja, das glaube ich.*

Marianne: *Es ist vielleicht wie ein Gift.*

Johan: *In uns, meinst du?*

Marianne: *Stell dir vor, es wäre wirklich so, daß alles zu spät ist.*

Johan: *So etwas darf man nicht sagen. Nur denken.*

Marianne: *Was geben wir uns bloß immer für Mühe.*

Johan: *Du besonders.*

Marianne: *Johan!*

Johan: *Ja?*

Marianne: *Haben wir irgend etwas Wichtiges versäumt?*

Johan: *Was könnte das sein?*

Marianne: *Manchmal kann ich voll und ganz verstehen, wie du denkst und fühlst. Und dann empfinde ich große Zärtlichkeit für dich und vergesse mich selbst, obwohl ich mich dabei nicht selbst auslösche. Verstehst du, was ich meine?*

Johan: *Ich verstehe, was du sagen willst.*

Marianne: *Manchmal kann ich mich mit einem wild-fremden Menschen identifizieren und diesen Menschen verstehen. Das sind kurze Augenblicke der Einfühlung.*

Johan: *Wenn wir unser Heil in dieser Art sentimentalen Mitgefühls suchten, würde in dieser Welt nichts ausgerichtet werden, das versichere ich dir.*

Marianne: *Johan.*

Johan: *Ja.*

Marianne: *Manchmal trauere ich darüber, daß ich nie einen Menschen geliebt habe. Ich glaube auch nicht, daß ich geliebt worden bin. Das macht mich etwas betrübt.*"[2]

Der Verlust an Nähe hat viele Gesichter. In eines will ich hier besonders aufmerksam schauen: Zu jedem menschlichen Leben gehört die Erfahrung der Krankheit, manchmal auch die einer chronischen Krankheit, oder einer Krankheit, die in die Trauer, in die Verzweiflung, zum Sterben führt. Solche Erfahrungen werden nicht selten zu tiefsten Lebenskrisen. Sie stellen mich selbst in Frage, zwingen Veränderungen auf, provozieren eine Stellungnahme, ein Mich-Einlassen, wenn sie nicht das Tor ins große schwarze Loch der Resignation sein sollen. Krisen belasten noch mehr, wenn sie mich unvorbereitet, plötzlich und allein treffen. Dann geht es zuallererst darum zu erfassen, was geschieht, was sich da verändert, was neben dem physischen das psychische Leid ausmacht. Die folgenden Hinweise möchten ein Versuch sein, Elemente, Strukturen, Aspekte einer Krise zu durchleuchten, um dann Schritt um Schritt mit ihr umgehen zu lernen und leben zu können. Die Chinesen haben für das Wort Krise zwei Schriftzeichen, von denen das eine (links) Gefahr, das andere (rechts) Chance bedeutet:

危
機

Chinesisches Schriftzeichen für Krise.
Der obere Teil heißt Gefahr, der untere Chance

Verlust an Nähe für den Patienten

Viele Menschen, die sich als krank erleben, hatten bisher noch keinerlei Erfahrung mit Krankheit. Das erkrankte Organ, der defekte Körperteil wird als „reparatur"-bedürftig gespürt, und es gibt nur einen dringenden Wunsch: die Störung von einem guten Monteur beseitigen zu lassen. Dafür hat unsere Sprache typische Redensarten: „Die Pumpe streikt" oder: „Der Magen rebelliert", – und am Krankenbett: „Na, wie geht es denn heute dem Kreislauf, was macht heute unsere Galle?" Eigentlich müßte es ja heißen: Mein Herz streikt, und: Mein Magen rebelliert. Wir sind nicht ein Zusammenbau vieler Einzelteile, sondern immer eine Ganzheit.

Aus diesem Excorporieren eines Teils unserer Persönlichkeit und seiner Übergabe an einen Fachmann zur Reparatur wird deutlich, wie sehr uns die Nähe zu unserem Patientsein als einer Daseinsform, einer Phase und Aufgabe menschlichen Lebens verlorengehen kann. Krankheit und auch psychisches Leid gehören zu unserem Leben und bergen wie jede Krise nicht nur das Potential der Erschütterung und als deren Folge den Widerstand in sich, sondern auch – im psycho-somatischen Kontext – das Potential einer Chance, manchmal sogar einer entscheidenden Chance, wenn der Körper und die Psyche keine andere Möglichkeit mehr haben, uns zur Besinnung, ins

Wachsen und Reifen zu bringen, als gleichsam in Gestalt einer Kranheit durch einen unüberhörbaren Aufschrei.

Der Verlust der Nähe zu einem solch personalen Kranksein sowie eine häufig falsche, rein technische Erwartung an die Helfer – ob Arzt, Krankenschwester, Pfleger oder Seelsorger – haben nicht selten auch Kommunikationsstörungen zur Folge. Aus meinen Begegnungen mit Nierentransplantierten beispielsweise kann ich folgendes berichten: Nach einer erfolgten Transplantation erlebe ich immer wieder bei den ersten Kontakten, wie schwer sich diese Patienten tun, wie weit entfernt das – für eine ganzheitliche Gesundung not-wendige – Verständnis ist, ein fremdes Organ auch geistig anzunehmen, in sich aufzunehmen. Und auf meine Frage: „Arbeitet Ihre Niere jetzt gut?" erhalte ich häufig zur Antwort: „*Das* Transplantat funktioniert noch nicht richtig" oder: „Ja, *es* funktioniert." Das Empfinden, das sich in solchen Worten ausdrückt, ist auf der einen Seite verständlich. Denn nach einem solchen Einschnitt ins Leben ist der/die Betroffene noch wie im Schock, anderseits macht es deutlich, was noch zu tun bleibt und nur der Patient selber tun kann: aus dem Fremden etwas Vertrautes werden zu lassen, es ganz in sich aufzunehmen als Seines. Einmal abgesehen davon, wie wichtig es ist, der *psycho-somatischen, ganzheitlichen* Bedeutung des Geschehens – was es auch sei – nachzuspüren. Wenn es die Niere als das Stoffwechselorgan ist, wäre zu fragen, was möglicherweise in meinem Leben nicht abfließen konnte, was unverdaulich, unverarbeitet, vielleicht wie Steine in mir steckengeblieben ist. Wenn es das Herz ist als das Lebensenergieorgan, könnte die Spur vielleicht zu unerlöstem Kummer, unerträglicher Überforderung, Enttäuschung oder Verletzung führen, etc.

Der Verlust an Nähe für die Ärzte

Im Grunde hat jeder Arzt, jede Ärztin in seiner/ihrer Tätigkeit im Getriebe der alltäglichen Betriebsamkeit mit dem Verlust an Nähe zum Patienten fertig zu werden. Ablauf und Volumen der Behandlungen haben sich rapide verändert. Wenn im Lukas-Evangelium (10. Kapitel) von der Hilfe für einen Kranken gesprochen wird, so finden wir darin noch Tätigkeiten erwähnt wie: sehen, säubern, salben, verbinden, Obdach und Nachsorge gewähren. Sicher gibt es auch heute noch Kranke, die eine solche Hilfe erfahren. Die meisten Kranken erleben sich aber mit einer hochspezialisierten Medizin konfrontiert: Voruntersuchungen, Hauptuntersuchungen, Eingriff, Nachuntersuchungen. Vorrangig ist dabei die Erfahrung, daß die Behandlung segmentiert wird und jeweils der für dieses Segment (Organ, Symptom) zuständige Arzt gar nicht die Ganzheit der Person wahrnehmen kann, sondern nur einen Teil. So ergibt sich sehr schnell eine sachliche Subjekt-Objekt-Beziehung: Subjekt ist der/die Behandelnde, Objekt der/die Behandelte und deutlicher noch: die zu behandelnde Störung, das zu behandelnde, zu therapierende Organ.

Noch einmal möchte ich sagen: Hier geht es nicht um Schuldzuweisung, sondern: Die großen diagnostischen und technischen Fortschritte in der Medizin schließen Schritte mit ein, die vom kranken Menschen als *Person* wegführen und ihn allzu schnell nur mehr als „Fall" betrachten. Eine Alternative sehe ich im Aufbau von interdisziplinären Teams, wo der Patient seinerseits als Subjekt Hilfe erfährt und mit dem Team kooperiert; davon war bereits die Rede. Natürlich zielt dies nicht nur auf ein Umdenken, eine umfassendere Sicht ihrer Heilkunst bei den Ärzten, sondern auch auf eine ganzheitlichere Wahrnehmung der Krankheit bei ihren Patienten.

Verlust an Nähe für das Pflegepersonal

Zeitlich gesehen hat das Pflegepersonal eine viel größere Nähe zu den Kranken als die Ärzte. Immer wieder erlebe ich Schwestern und Pfleger, die sich auch über die offizielle Dienstzeit um menschliche Nähe zu den Patienten bemühen. Und doch möchte ich auch beim Pflegepersonal von der verlorenen Nähe sprechen.

Die Spitzen des Eisbergs sind für mich Intensivstationen und Dialyse-Zentren. Hier bedeutet und bewirkt die moderne Medizintechnik einerseits eine durchaus lebenserhaltende, -stiftende, -verlängernde Hilfe, andererseits aber auch eine Mauer zwischen Patienten, Pflegern und Krankenschwestern. Deren Aufmerksamkeit kann nicht nur auf die Person des/der Kranken gerichtet sein, sondern auch auf die Therapietechnik.

Ein weiterer Verlust an Nähe erwächst als Folge der selbstverständlich zugestandenen, arbeitsrechtlich geregelten Arbeitszeit und des Schichtdienstes. Folgendes Gedicht aus der Zeitschrift „Heilberufe" ist für mich ein Signal der Not, aber auch der Hoffnung:

> *„Helft mir!*
> *Gelernt habe ich,*
> *der täglichen Stationsarbeit gerecht zu*
> *   werden.*
> *Nicht aber den Kranken als Menschen.*
> *Seht meine Hilflosigkeit*
> *vor Schwerkranken und Sterbenden.*
> *Hört, wie ich Menschenwürde sage -*
> *und Persönlichkeitsachtung praktiziere,*
> *und dann*
> *Opa*
> *und Du.*
> *Aber ihr wißt schon selbst ....*
> *Hört, wie ich eure Phrasen gebrauche*
> *in Gesprächen mit Patienten.*

Und seht
meine Unsicherheit vor ihnen
und meine Tarnungsversuche
hinter burschikosem Ton
und hinter großer Geschäftigkeit.
Ich möchte mich nie an all das gewöhnen.
Helft mir."[3]

Worte einer jungen Krankenschwester aus ‚Berlin-Buch'. „Helft mir!" – ein Anspruch an uns. Wie kann der Dienst für das Pflegepersonal verändert, vermenschlicht, verlebendigt werden? Rezepte gibt es sicherlich nicht. In den Erfahrungen und Aufzeichnungen werden einige mögliche Schritte hörbar:

Ich finde mich nicht mit der Situation ab.

Ich möchte echt sein.

Ich suche Umkehr und Veränderung.

Verlust an Nähe für Angehörige

Die bis zu seiner Krankheit gewohnte Beziehung zu seinen Angehörigen erfährt ein Mensch als Patient nun völlig neu. Ihre Besuche sagen ihm einerseits: Sie vergessen mich nicht, sie nehmen Anteil, sie mögen mich, sie leiden mit. Die äußere Distanz kann anderseits im Erkrankten Fragen an seine Verantwortung, an seine Wahrnehmung hervorrufen. Vielleicht entdeckt er erst jetzt, was sein Partner oder seine Partnerin ihm bedeutet.

Der/die Angehörige ist nach meiner Überzeugung auch immer mitleidend, somit seiner-/ihrerseits Patient. Bewußt oder unbewußt, zugegeben oder nicht: Der Erkrankte bedeutet auch eine Störung (im Tagesablauf, in der finanziellen Sorge), sowie Verlust und Belastung. Welcher Mann, welche Frau, welche Freundin, welcher Freund etc. hat gelernt, einen Partner, eine Freundin als Kranken, als Patienten aufzusuchen, ihm in dieser „Ausnahmesituation" zu begegnen, ihm/ihr gut zuzuhören und die richtigen, tröstenden Worte zu sagen? Hilflosigkeit, Ratlosigkeit in vielfältiger Form sind in der Begegnung Angehöriger mit Patienten täglich zu erleben. Meine Erfahrung: Alle Unterstützung und Hilfe, die ein Arzt, eine Krankenschwester, ein Seelsorger Angehörigen gibt, kommt über sie den Patienten zugute.

Verlust an Nähe für den Seelsorger

In den Berufsgruppen eines Krankenhauses oder Pflegeheims kommt der des Seelsorgers selten vor: verlorene Nähe der Seelsorger zu den Patienten. Leider ist es nicht mehr selbstverständlich, daß der Erkrankte, wenn er Christ ist, seinen bevorstehenden Krankenhausaufenthalt dem Seelsorger mitteilt. Zum anderen: Die Seelsorger haben schon vor Jahrhunderten das Krankenhaus verlassen. Neue kleine Schritte sind Zeichen einer Besinnung, einer Wandlung.

Der Verlust an Nähe wird hier für mich auch darin deutlich, wenn sich der Besuch des Seelsorgers auf Riten und Sakramente beschränkt oder da seinen Anlaß sucht. Sakramente sind Gipfel und Quelle, setzen jedoch aus meiner Erfahrung zunächst die menschliche Beziehung zwischen Patienten und Mitmenschen unbedingt voraus. Ein begonnener Wandel in der Krankenhausseelsorge wird sich hoffentlich durchsetzen: Der Seelsorger muß sich in ein therapeutisches Team integrieren. Die alte Rollenverteilung ist überholt, und der Einzeldienst – Arzt, Krankenschwester, Seelsorger – erweist sich erst in einer konzertierenden Aktion, d. h. in der Kooperation der helfenden Berufe als wirksam und heil-sam.

Konkret: Der Seelsorger richtet sein Denken und Tun nicht allein auf den Trost eines jenseitiges Lebens, sondern ist hier und jetzt menschennah und menschenfreundlich und bemüht sich mit dem Patienten um dessen Annahme und Ernstnehmen seines ganzen Lebens. Gerade am Krankenbett sollten Seelsorger gute, beste Therapeuten sein. Erst aus diesem Dienst heraus erwachsen die Sakramente als glaubwürdige, hilf-reiche Heilszeichen.

Dies setzt jedoch eine gute Schulung und Begleitung der Seelsorger in ihrem Dienst voraus. Ich persönlich halte eine solche Wandlung des Selbstverständnisses und des Dienstes an den Patienten auch für eine Not-wendigkeit und Möglichkeit hinsichtlich des Dienstes der Ärzte und des Pflegepersonals.

Verlust an Nähe zu Wahrheit und Wahrhaftigkeit

Was ist Wahrheit? Wahrheit kann ich nur entdecken. Sie kann und will heranreifen. Wahrheit schließt nach meiner Auffassung immer Hoffnung ein. Wahrheit kann ich nicht gleichsetzen mit der Entdeckung oder Information einer Richtigkeit. Wahrheit ist ein Prozeß mit mir selbst – und umfassender: mit einer anderen Person. Dieser Prozeß wird jedoch nur möglich sein, wenn er auf der Basis von Vertrauen beginnen und schrittweise, mit Geduld ausreifen kann. Nähe und Distanz spielen auch hier eine große Rolle.

Der Verlust an Nähe zu Wahrhaftigkeit und Wahrheit hat aber auch belastende und oft unmenschliche Folgen. Stehe ich mit einem Sterbenden in Beziehung, so bin ich immer wieder mit vier Grunderfahrungen konfrontiert:

(1) Ein Sterbender gibt personale (lateinisch: *per-sonare* = durch-tönen), oft nonverbale, durchtönende Signale, die mir vermitteln, daß er spürt: Mit mir kann er über sein Leben, kann er das ihm jetzt noch Wesentliche besprechen.

(2) Ein Patient spürt, wenn sein Sterben nahe ist, selbst wenn ihm niemand diese Wahrheit mitgeteilt hat.

(3) Ein Sterbender will auch diese letzte Wahrheit begreifen, wenn dabei Hoffnung besteht: Ich werde bei meinem letzten Lebensabschnitt nicht im Stich gelassen.

(4) Ein Sterbender erlebt Schritte und Stationen in seinem Sterben.

Die Lebenswahrheit kann also nicht ohne die Nähe einer vertrauensvollen Weggemeinschaft gesucht und entdeckt werden. Darum möchte ich es so formulieren: Jeder Mensch hat ein Recht auf Wahrheit, und er hat ein Recht, sich seinen Weggefährten auszusuchen, auch wenn es in den letzten Tagen und Stunden nicht der bisher vertrauteste Mensch ist. Diese Weggefährtenschaft an der letzten Lebenswende ist schwer. Die Versuchungen für einen Weggefährten sind groß:

> *„Ich werde verfolgt,*
> *da mache ich einen Satz*
> *und entkomme."*[4]

Diese Zeilen eines Gedichts zeigen deutlich die Gefahrenquelle. Da werde ich als Mitmensch von der Frage eines kranken Menschen verfolgt: „Es wird doch alles wieder gut?" Und ‚ich mache einen Satz': „Na klar, Sie müssen nur die Geduld bewahren" – und entkomme. Ein Satz, eine Metapher für Ausflucht, für die Angst vor der Wahrheit, für die Gefahr einer Kommunikationsstörung und des damit verbundenen Vertrauensverlustes, möchte doch der Patient – und das sollte sein Begleiter, seine Begleiterin aufmerksam erspüren – vielleicht die Wahrheit lieber hören, als ihr selber ins Gesicht schauen.

Ein weiteres Beispiel. Da höre ich in einem Gespräch die Worte: „Ich spüre es, meine Kräfte werden immer weniger. Ich werde die Station nicht mehr verlassen können." Die rasche Antwort: „Sie sind doch erst gerade operiert und noch erschöpft. Da fühlen Sie sich natürlich noch sehr schwach. Aber die Kräfte werden schon kommen. Es wird schon werden, bestimmt." Solche Reaktionen, solche Beschwichtigungen, geboren aus dem Verlust zu Wahrheit und Wahrhaftigkeit – wer kennt sie nicht? Reaktionen, mit denen wir uns aus dem Staub machen. Die Wirkung: So erkrankt eine bestehende Beziehung oder stirbt gar, und eine zuvor begonnene, helfende Beziehung gerät in Gefahr.

Emotionale Nähe zum und „schonungsloses" Mitempfinden mit dem Suchenden und Verunsicherten sind das einzig tragende Fundament für Wahrhaftigkeit. Auf ihm kann die Wahrheit dann schrittweise wachsen, und sie ist für den Betroffenen wie für den Helfer eine Erfahrung von großer Verantwortung, Verbundenheit und auch Freiheit. Eine Faustregel lautet für mich: Alles, was ich sage, muß wahr sein, aber ich bin nicht verpflichtet, die ganze Wahrheit und die ganze Wahrheit auf einmal zu sagen.

Ein lebenswertes Leben, d. h. ein Leben, das ich mit meinen Möglichkeiten und mit meinen Grenzen gestalte, das durchwoben ist auch von Kommunikation mit meinen Mitmenschen, das ich bis zuletzt wirklich er-leben kann, ist ohne Wahrhaftigkeit nicht vorstellbar. Ich habe gesehen, daß Leid sogar verstärkt wird, wenn Menschen einander „schonen" wollen. Wahrhaftigkeit, Wahrheit sind allerdings ein Prozeß zwischen Menschen und mit mir selbst – als leidender oder als Begleiter. Dieser Prozeß bedeutet, wie es das Wort pro-cedere (voran-schreiten) besagt, ein Sich-Vortasten, Schritt für Schritt.

Ein Beispiel: Ein Krebspatient, Anfang 30, erlebt in seinem Krankheitsverlauf immer mehr: Meine Krankheit führt zum Sterben, beendet mein Leben. Ein Gespräch mit seiner Frau über diese Sorge, über diese Ahnung und Angst ist ihm nicht möglich. In Gesprächen mit mir und seinem behandelnden Arzt überlegen wir gemeinsam, was ihm Hilfe sein kann, daß er sein Leben bis zu Ende bewußt gestalten kann, d. h., daß er es nicht ohnmächtig erleiden muß, sondern annehmen kann. Seine Wünsche:

✦ *Bitte nichts tun, was meinem Leben eine Verlängerung gibt.*
✦ *Ich möchte nach Hause, bei meiner Frau sein, bei meinem Kind.*
✦ *Ich möchte, daß Sie mit mir über alles sprechen, worüber ich sprechen will.*
✦ *Ich habe Angst vor Schmerzen, und darum geben Sie mir etwas, daß die Schmerzen mich nicht in den Griff bekommen.*
✦ *Ich habe den Wunsch, daß Sie oft kommen und mich nicht im Stich lassen.*

So ging dieser noch junge Mann mit unseren Zusagen und Verabredungen nach Haus. Die wenigen Monate, die er noch leben konnte, waren getragen von der Erfahrung: Ich bin daheim, bei meiner Frau, bei unserem Kind, und auf den Arzt und Seelsorger kann ich mich wirklich verlassen, sie begleiten. Ganz wichtig für ihn war auch eine kleine Selbsthilfegruppe: Zu ihm kamen regelmäßig ein Mitpatient und dessen Frau. Ihre Besuche wurden zu einem Geschenk für alle Beteiligten: für den, der unaufhaltsam auf sein Sterben zuging, für den, der Heilung erfuhr, und auch für die beiden Ehefrauen. In den offenen, ehrlichen Gesprächen wurde auch für die Frau des vom Sterben Gezeichneten das Annehmen der Wahrheit, daß das Leben ihres Ehemannes begrenzt ist, mehr und mehr annehmbar und zumutbar.

Wahrheit ist immer auch verbunden mit einem Dienst. Sie kann viele Gesichter haben, in unterschiedlicher Gestalt auftreten: Die Wahrheit kann ich

einem Menschen an den Kopf knallen. In dieser Gestalt kann Wahrheit töten. Dienende Wahrheit hat
gleichsam eine Schwester: *Sie wird in Liebe gesagt.*
Jeder Mensch weiß letztlich um die Wahrheit, die in
ihm ist. Mein Dienst als ein ins Vertrauen Gezogener
oder als Mitbetroffener ist es, daß ich einem Mensch
helfe, sich an seine Wirklichkeit und Wahrheit heran-
zutasten, ohne daran zu zerbrechen. Das gelingt nur,
wenn ich die Wahrheit immer auch mit emotionaler
Zuwendung, mit Liebe verbinde. Und aus so mitgetra-
gener Wahrheit erwächst immer auch eine Hoffnung,
eine Geborgenheit, wie sie sonst kaum erlebbar ist:
„Ich bin nicht allein. Ich werde auf dem Weg an die
Grenze meines Lebens begleitet. Mir steht jemand
zur Seite, auch wenn ich allein sein möchte."

In einer solchen Weggemeinschaft wird für alle Beteiligten sichtbar, erfahrbar, was verläßliche Zuwendung und konkrete Nächstenliebe vermag, auch und
gerade in Stunden der Trauer, der Schmerzfinsternis
und des immer endgültiger werdenden Abschieds.
Eine solche Weggemeinschaft ist dann Quelle für eine
aufkeimende Hoffnung über den Tod hinaus. Hier hilft
selten eine Glaubensformel allein, und ich kann auch
als Seelsorger in dieser Grenzsituation nicht einfach
eine biblische Antwort geben. Was wirklich zählt und
trägt, ist das, was ich selbst erhoffe. So scheint es mir
ganz wichtig, darauf hinzuweisen: Nicht die nur mit
Worten verkündete Botschaft von einem Leben nach
dem Tod ist das, was einen Menschen an der Lebens-
schwelle erreicht, sondern die bezeugte, im Mitsein
gelebte Hoffnung eines konkreten Menschen, der in
das begleitende Mitsein sagen kann: Ja, ich hoffe als
Mensch und Christ, daß dies nicht alles war, ich
hoffe, daß der Christus die Wahrheit sagt und ist: „Im
Haus meines Vaters sind viele Wohnungen, und ich
gehe, auch euch einen Platz zu bereiten."

Dies bedeutet aber selbstverständlich nicht, daß ich
nur als Christ bewußt bis zu Ende leben kann. Jeder

Mensch kann zu dieser Wahrheit und Hoffnung finden. Sie ist in keiner Religion, in keiner Konfession dieser Welt versteckt. Sie ist im Menschen: *„Dum spiro, spero"* – „Solange ich atme, hoffe ich." Damit die Hoffnung und die Wahrheit zur Erfahrung werden, damit der vielleicht lange unbekannte, vergessene oder als Sache der Frommen abgetane Weg in die Wahrheit hinein sich für einen Sterbenden als „mein Weg" erschließt, braucht es den glaubwürdigen Begleiter, der sich mit der eigenen Lebenswahrheit nicht nur einmal irgendwann „beschäftigt" hat, sondern in ihr verwurzelt ist.

Eine Begegnung zwischen zwei Menschen, die sich miteinander der Wahrheit öffnen, ihr entgegenhoffen, läßt keinen der beiden unverändert. Auch der behandelnde Arzt, auch die Helfer(innen), auch die Seelsorger(innen) sind nach einer solchen Begleitung nicht mehr dieselben. In der Wahrheit gereifte Menschen können ihren Mitmenschen das Geschenk vermitteln, daß Leben über das Leben hinaus in Wahrheit zum Menschsein gehört. Wenn wir die Stimme des Tiefsten im Menschen zu hören vermögen, dürfen wir hoffen, und das Sterben steht in einem ungeahnten Licht.

3
„Ganz Ohr sein"

3.1
Voraussetzungen, Möglichkeiten, Wege der Sterbebegleitung

Von der Fußsohle bis zu den Haarspitzen, mit allen meinen Sinnen, mit allen Fasern „emotionaler Wärme, Echheit und Selbstkongruenz" (Carl Rogers) in die Begegnung gehen, mich der großen Vielfalt situativer Augenblicke stellen, mein Gegenüber hier und jetzt wahrnehmen und zulassen – das sind Voraussetzungen für eine existentielle Krisen- und Sterbebegleitung. „Ganz Ohr sein" – das heißt jedoch nicht nur, ganz aufmerksam akustisch zu hören. „Ganz" – das bin ich, und „Ohr sein" – das ist mein Da-sein, mein In-Beziehung-sein, mein Dienst. Das ist Quelle, Basis und immer wieder Höhepunkt jeder echt menschlichen Begegnung, erst recht jeder liebenden Beziehung, es ist es auch und vor allem für einen Sterbenden und seine Begleitungperson.

Ganz Ohr sein bedeutet: Ich nehme *wahr*; da ich Mensch bin, gibt es mich und gibt es mein Gegenüber immer nur ganz, oder – ich nehme mich und den anderen nicht wahr, nicht wirklich wahr, nur ein bißchen, nur einen kleinen Teil, und wenn das geschieht, geschehen Ent-täuschungen (im doppelten Sinn des Wortes), Verletzungen. Als Mensch existiere ich – davon gibt es keine Pause, keinen Urlaub, auch keine Intensivstation – in einer Ganzheit. Mein Menschsein, ich als Frau oder Mann, – ich bin nicht eine Summe oder das Ergebnis einer Addition von verschiedenen Teilen. Von seinem Wesen her ist der Mensch eine Ganzheit, auch dann, wenn Bewußtlosigkeit (von außen) festgestellt, diagnostiziert wird. Ein Teil, ein Aspekt seiner Ganzheitlichkeit kann psychisch, physisch oder geistig eingeschränkt sein, und doch habe ich auch dann einen ganzen Menschen vor mir, der Respekt, Aufmerksamkeit, Zuwendung und Liebe verdient.

Jeder, der sich aus Versehen mit dem Hammer auf den Daumen geschlagen hat, weiß, mußte es begreifen und spüren: Diese drei, vier Zentimeter sind nicht etwas außerhalb von mir, das fürchterlich wehtut, blutet und behandelt wird. *Ich* blute, *ich* bin wie betäubt vor Schmerz, *ich* werde behandelt. Ganzheit meint, daß zwischen den Teilen eine unauflösliche Beziehung besteht. Dieses Sinn- und Seinsganze jedes Menschen kann auch beschrieben werden als Eingebettetsein in eine senkrechte Existenzachse und eine waagerechte Beziehungsachse, eingebettet, beheimatet im Sein und Werden/Reifen sowie im Haben und Handeln. Eine wesentliche Sinnkomponente menschlichen Lebens und Erlebens sowie der Gesundheit ist das Gleichgewicht zwischen diesen beiden Achsen.

Ganzheitlich leben

In den verschiedenen Weltanschauungen und Religionen läßt sich heute mehr und mehr eine gemeinsame Richtung entdecken: der Wunsch, ganzheitlich zu leben. Zerrissenheit, Sich-zerreißen-lassen machen krank, – nicht nur, aber dort extrem deutlich, ein Phänomen der Drogenabhängigen: die Sehn-*Sucht* nach Ganzheit.

Für jede Begegnung entscheidet die präsente Ganzheitlichkeit der jeweiligen Person über ihr Gelingen oder ihre Vergeblichkeit, ihre Oberflächlichkeit und

Sinnlosigkeit. Dieses wird für mich auch und besonders im Schmerzerlebnis und einer hoffentlich optimalen Schmerztherapie deutlich. Der Mensch in seiner Erkrankung ist mehr als je zuvor zunächst auf sich selbst zurückgeworfen, auf *sich selbst*, – das ist dieser einmalige Mensch mit seinem Namen, seiner Lebensgeschichte, die in jedem neuen Augenblick gegenwärtig und wirksam ist. Er erlebt den Schmerz:

+ durch den erkrankten Leib,
+ durch die verunsicherte, ängstliche Seele,
+ durch das mitbetroffene soziale Umfeld,
+ durch die bohrenden Fragen: Warum gerade ich, warum jetzt, und wie soll es weitergehen?

Ganzheit, Ganzheitlichkeit – Begriffe, die sich nur schwer definieren lassen. „Der Mensch ist selbst eine Ganzheit, ist Teil der Natur und von kulturellen Ganzheiten; ist das Wesen auf der Suche nach Sinn" (Viktor Frankl).

Diese Sinnsuche sucht den Teilnehmenden, den Hörenden, den Begleitenden, sucht den Verstehenden, sucht das Du. So macht uns gerade im Dienst der Begegnung mit Leidenden das Betrachten der Ganzheit deutlich: Der Mensch ist niemals nur ein Objekt, eine fein konstruierte, anfällige Maschine, sondern: Er ist und bleibt immer Subjekt, und das hat viel und alles mit Würde zu tun. Der Mensch als Subjekt sucht vor allem im Leid und noch einmal mehr im äußersten, letzten Leid den Kontakt, die Beziehung zu einem anderen Subjekt, sucht in der Begleitung das personale und das transpersonale Begreifen seines Personseins. Meine Erfahrung sagt mir: Die ersten Schritte menschlicher Begegnung mit einem Leidenden heißen: Hinhorchen, Raum geben, Zulassen seiner leibhaften Schmerzen, der Versuchung zu kindlicher Vertröstung, zur Verharmlosung, Nicht-ernst-Nehmen widerstehen. Dieses Wahrnehmen der somatischen Dimension muß dann den Blick, das Hören und wenn möglich auch die Berührung, d. h. das ganzheitliche – leib-seelisch-geistige – Wahrnehmen aller anderen Schmerzdimensionen mit einbeziehen. So wie der Kranke seine Schmerzen jeden Tag neu, immer jetzt und als Last erlebt, so geht es auch für den Begleitenden darum, jeden Tag neu und jetzt dazusein, gleichsam mit dem Gegenpol des Schmerzes: mit seiner Zuwendung, seiner Aufmerksamkeit und ungeteilten Anwesenheit. Auch das ist oft Last, – und je tiefer das Vertrauen wächst: auch Chance.

Folgende Geschichte – „Die stärkende Last" – kann Spuren aufzeigen:

„Durch eine Oase ging ein finsterer Mann. Er war so gallig in seinem Charakter, daß er nichts Gesundes und Schönes sehen konnte, ohne es zu verderben. Am Rande der Oase stand ein junger Palmenbaum im besten Wachstum. Der stach dem finsteren Araber in die Augen. Da nahm er einen schweren Stein und legte ihn der jungen Palme mitten in die Krone. Mit einem bösen Lächeln ging er nach dieser Heldentat weiter. Die junge Palme schüttelte sich und bog sich und versuchte, die Last abzuschütteln. Vergebens. Zu fest saß der Stein in ihrer Krone."[5]

Die „Last" dieser Geschichte, konkretisiert auf einen Menschen hin, beugt ihn beispielsweise nieder, wenn er sich in seiner Krankheit nicht als Subjekt, sondern als Objekt angesprochen und behandelt erlebt.

Lebenskrise – Glaubenskrise

Lebenskrisen, hervorgerufen durch eine ernste Erkrankung und Erschütterung, durch eine Störung und Durchbrechung des bisher Vertrauten, schließen immer auch eine Glaubenskrise ein, wobei ich „Glaube" nicht im enggeführten konfessionellen Sinn verstehe. Der Mensch ist in seiner Ganzheit als Person be- und getroffen, – und zu ihr gehört auch die spirituelle, existentielle Dimension, die sich zu erkennen gibt in den quälenden Fragen nach dem Sinn. Diese haben vor allem bei einem Menschen, der sich sehr isoliert und allein erlebt, eine besondere Heftigkeit. Denn – alle Erfahrung spricht dafür – für eine Antwort braucht es ein Gegenüber, ein Echo, eine Re-sonanz, damit in der Erfahrung des Angenommen- und des Verstandenseins Sinn aufscheinen kann.

Für mich als Sterbebegleiter ist „Glaube" schon längst nicht mehr das Wissen von Katechismus-„Wahrheiten", von zu lernenden Glaubenssätzen. Gelebter Glaube hat vielmehr und entscheidend mit einem Vertrauen zu tun, mit dem Vertrauen, daß ich mich einlassen kann auf eine Wirklichkeit, die von der anderen Seite des Sterbens her herüberstrahlt.

Für einen Menschen in einer tiefen Lebens- und Leidenskrise steht alles, auch sein gewohntes Menschenbild und sein irgendwann erworbenes Gottesbild, auf dem Spiel.

„Was tun Sie', wurde Herr K. gefragt, ,wenn Sie einen Menschen lieben?' ,Ich mache einen Entwurf von ihm', sagte Herr K., ,und sorge, daß er ihm ähnlich wird.' ,Wer? Der Entwurf?' ,Nein', sagte Herr K., ,der Mensch.'" (Bert Brecht).[6]

Das Menschen*bild* oder der konkrete Mensch? Was mein Leben, was mich prägen und formen kann, was lebens- und liebenswert ist, ist der konkrete Mensch, der mir begegnet, in dem ich den Mit-Menschen erfahre. Hier sollte sich jeder Begleiter ein Bilderverbot auferlegen. Nicht meinem Bild von einem Patienten, einem Sterbenden, sondern diesem einmaligen konkreten Menschen in seinem Gebrochensein und in seiner Hoffnung gilt alle Zuwendung.

Und das Gottesbild? Was ich für mich als das bergend Begleitende, als das Befreiende und Tragende erspüre? Den Dritten im Bunde einer Weggemeinschaft:

Ich kann es „Gott" nennen oder den, der sich als der Mitgehende, als der, der da ist, ahnen, spüren oder erhoffen läßt. Christlich gesprochen: der sich entäußert und einer von uns geworden ist, – „sein Leben war das eines Menschen" (Philipper 2,7).

Menschenbild – Gottesbild

Menschenbild und Gottesbild sind maßgeblich beteiligt an meinen Begegnungen. So können eine Krise, eine Krankheit, das Sterben eines Menschen Quelle der Verzweiflung, des Protestes, des Zerbrechens sein, oder Chance, Schwelle in ein neues Land.

Die Geschichte von der belasteten Palme zeigt einen Weg, denn sie geht so weiter:

„Da krallte sich der junge Baum tiefer in den Boden und stemmte sich gegen die steinerne Last. Er senkte seine Wurzeln so tief, das sie die verborgene Wasserader der Oase erreichten, und stemmte den Stein so hoch, daß die Krone über jeden Schatten hinausreichte. Wasser aus der Tiefe und Sonnenglut aus der Höhe machten eine königliche Palme aus dem jungen Baum.

Nach Jahren kam Ben Sadok wieder, um sich an dem Krüppelbaum zu freuen, den er verdorben hatte. Er suchte vergebens. Da senkte die stolze Palme ihre Krone, zeigte den Stein und sagte: ‚Ben Sadok, ich muß dir danken, deine Last hat mich stark gemacht'."[7]

Wo solcher Tiefgang und aus solchem Tiefgang Verwandlung gelingt, kommt es zu einer Verwurzelung des Lebens, des Glaubens in der Hoffnung, die stärker ist als der Tod, und in der Liebe, die ein Sterben überdauert. Wer immer sich auf die Begegnung mit kranken Menschen einläßt, sollte sie in ihrer Ganzheit, ihrem Personsein mit all ihrem Erleben, all ihren Fragen und Ängsten, in ihrem Gebrochensein und in all ihren Unsicherheiten und Aggressionen sehen und annehmen, aber auch mit ihren Hoffnungen, Sehnsüchten, Erwartungen. Vor allem die Sprache Sterbender und um ihr Sterben Wissender zu verstehen bedarf des Tiefgangs. Nur wenn wir vor unseren Worten hören, ganz Ohr geworden sind, kann es zur Beziehung, zur Begegnung und Heilung kommen.

Gesucht und schwer zu finden: das Gespräch

„Sprechen und Schwätzen – *Wir waren zusammengekommen, um ein Gespräch miteinander zu führen. Warum gehen wir nur so unbefriedigt auseinander? Warum blieben die Versuche, zueinander zu finden, im Ansatz stecken? Kaum hatten wir eine Ebene erreicht, wo es nicht nur um Banalitäten ging, sondern um uns selber, um unsere Nöte und Ängste, da schwinden wir eilig zurück auf die unverbindlichen Themen. Auseinandergegangen, bleibt mir ein schaler Geschmack im Munde; wir haben ein bißchen Theater gespielt, damit wir nicht aus den gewohnten Rollen heraus müssen. Es blieb bei den einstudierten Mienen, bei den gängigen Formen und Phrasen. Wie können wir uns gegenseitig helfen, das zur Sprache zu bringen, was uns wirklich bewegt? Wer läßt endlich die Katze aus dem Sack?"* (Felizitas und Otto Betz).[8]

Aus Gesprächen, die dann doch keine Begegnungen waren, kennt wohl jeder diese Erfahrung. Wer läßt endlich die Katze aus dem Sack? Die Katze, d. h., daß ich mich offenbare: als hilflos, ratlos, erschüttert, verletzt, verzweifelt oder wütend. Dabei bin ich Suchender, Bangender und Hoffender zugleich: wenn mein Glaube zum Zweifel geworden ist und Angst mich fest im Griff hat. Eine düstere Frage drängt sich vor: Ist es nicht besser, gleich zu sterben, als so weiterzuleben? Wer hört mich? Wer wendet sich mir wirklich zu? Wer bleibt bei mir? Und hält mich aus?

Bei Gesprächen mit Kranken und Sterbenden kommt es auf mehr an, als auf Worte und deren Inhalt. Sensitives, Empfindungen, Gefühle wollen erspürt, empfangen, aufgenommen werden. Der Ton macht da wirklich die Musik. Das Gelingen eines Gesprächs hängt sehr von der Gefühlsdichte einerseits und der Gefühlsempfänglichkeit anderseits ab. Oft verbergen sich unsere Gefühle hinter unseren Worten – unbewußt oder aus Scheu, nicht verstanden, nicht angenommen zu werden.

Da-sein, zugeneigt-sein, Partner sein in einem helfenden, begleitenden Gespräch bedeutet also mehr, als nur die Worte des anderen aufzunehmen. Es geht vielmehr um eine bedeutende Variante der Kunst des Liebens, die darin besteht, sich in die Gefühle des Ratsuchenden hineinzuleben. Zwei Ebenen kommunizieren in einem Gespräch: die Worte (verbale Ebene der Sprache), die Gefühle (emotionale und häufig nonverbale Ebene der Gesten, des Blicks, der Körpersprache). Ein helfendes Gespräch führen bedeutet vor allem: eine Beziehung des Vertrauens, der Nähe zum Gesprächspartner aufbauen, die es diesem ermöglicht, sich zu öffnen auf der verbalen Ebene, in die mehr und mehr auch die emotionale, nonverbale einfließen kann.

Gesprächsführung ist eine Kunst. Therapeutische Schulen haben ganz unterschiedliche Methoden der Gesprächsführung entwickelt und an Helferberufe weitervermittelt. Man sollte sich jedoch bewußt sein, daß jede Methode, für sich genommen und praktiziert, auch die Gefahr der Einseitigkeit in sich birgt. Keine Technik ist immer anwendbar. Die Gesprächspartner, deren Situation und die gewachsene Beziehung sind nach meiner Erfahrung das vorrangig Wichtigste in einer Begegnung. Die Methode hängt ab vom Ziel, und jedes Gespräch – auch das mit dem/der gleichen Partner/in – vollzieht sich als ein einmaliger Prozeß zwischen zwei Menschen. Es wäre ein Irrtum zu meinen, daß um Konzepte und Methoden zu wissen die wesentlich helfenden Bausteine eines Gesprächs seien. Die Kunst besteht vielmehr darin, um sie zu wissen – wie etwa um die Grundpfeiler und Grundhaltungen der Gesprächsführung nach Carl Rogers: *Echtheit, emotionale Wärme, Selbstkongruenz –*, sie zu existentiellen Grundhaltungen zu transformieren, in sich als Begleiter(in) und Helfer(in) zu integrieren – und sich so dem Partner in distanzierter Nähe zuzuwenden. Dann ist eine Spur gelegt zu dem, wodurch ein Ratsuchender, ein Kranker, ein auf sein Sterben Zugehender Hilfe erfährt:

✦ Von entscheidender Bedeutung ist die Erfahrung: Ich bin angenommen. Du, der mit mir spricht, machst mir ein Kontaktangebot. Du hast Zeit für mich. Du öffnest meine Isolation und Dunkelheit und läßt mich erfahren: Ich bin wichtig, wertvoll, werde gesehen, wie ich bin, wie mir zumute ist.

✦ Das Erleben, das Gefühl: Ich werde verstanden – ich kann dem andern von meiner Last abgeben.

✦ Durch den Kontakt mit einem offenen, emotional zugewandten Menschen, der zugleich sachlich neutral bleibt, d. h. die Grenze zum koalierenden, beide verschlingenden Mitleid kennt, geschieht echte Hilfe. Denn so kann mein Gegenüber seine Probleme, seine Nöte – aus dem Erleben, daß sie bei mir angekommen sind – selber sachlicher, ruhiger und mehr und mehr gelassen sehen.

✦ Das Aussprechen von Erlebnissen und Problemen zu einem Menschen hin, der zuhört und aufnimmt, entlastet, schafft Erleichterung und freien Raum. Das Ziel besteht ja darin, daß der Ratsuchende die Bedingungen seiner Existenz, seiner Situation aus sich selbst heraus verstehen lernt, daß er mehr und mehr zu jener Kraft, zu jenem Selbstwert (zurück)findet, die ihm ermöglichen, sein Leben eigenverantwortlich und selbständig weiterzuführen, sobald er seine Krise durchschaut, verstanden und als seine gegenwärtige Lebensaufgabe akzeptiert hat.

✦ Daher lautet das Prinzip auch in der Sterbebegleitung: dem Menschen helfen, sich selbst zu helfen. Der Ratsuchende muß immer die Mitte des Gespräches sein. Die schon mehrfach erwähnte Gesprächsmethode von Carl Rogers zum Beispiel wird von ihm selbst so bezeichnet: klienten-zentriert, nicht-direktiv (d. h. mit Ratschlägen und Konzepten agierend), person-zentriert.

✦ Unerläßlich ist hier die bedingungslose Bejahung des Gesprächspartners: (1) durch volle Achtung, ja, liebevolle Zuwendung auch im Wechsel unterschiedlicher Gefühle, (2) ihn nie als mein Berufsobjekt betrachten, d. h. ihn nie bewerten, nie über ihn urteilen oder ihn nie mit „gutem Rat" in eine bestimmte Richtung drängen, (3) sich den Gefühlen des anderen stellen und dadurch eine existentielle Beziehung ermöglichen.

Alle Methoden stehen im Dienst der grund-legenden, befreienden Grundhaltung bedingungsloser Annahme des andern. Bejahung dieses konkreten Menschen führt nicht zu Voreiligkeiten und Urteil – zu Vorurteil, die ihn entmündigen. Seine Freiheit und Eigenverantwortlichkeit ist immer ernst zu nehmen, damit eine echt menschliche Subjekt-Subjekt-Beziehung entstehen kann. Der Helfer stellt sich als Person zur Verfügung, nicht als jemand, der durchblickt, sondern anschaut und sich auch selbst dabei sehen läßt. Der Patient steht im Mittelpunkt, er kann sein Inneres äußern und dabei lernen, sich selbst besser zu verstehen. Im Gesprächsprozeß kann er vom geschlagen Leidenden zum aktiv Er- und Durchleidenden werden, er gewinnt die Kraft zum Ja.

Sein(e) Gesprächspartner(in) achtet gleichzeitig auf die Wirkung der Identifikation (die Welt mit den Augen des anderen sehen) und der Distanz (die Persongrenze zwischen dem Partner und sich selbst beachten sowie unheilvolle Fehlhaltungen beim andern und bei sich selbst erkennen): Fehlt die Identifikation, dann redet der Helfer an der wirklichen Erlebnissituation vorbei und versteht den Kranken nicht. Fehlt die kritische Distanz, kommt es nicht zum heilenden, not-lösenden Weiterwachsen, da Fehlhaltungen nicht wahrgenommen oder korrigiert werden können.

Einige Reaktions- und Verhaltensweisen, die Störfaktoren in einem helfenden Gespräch sein können, seien benannt:

+ direktives, besserwisserisches Vorgehen,
+ Urteilen über die Situation des anderen,
+ Erteilung von Ratschlägen, Anweisungen und Verhaltensregeln.

Dieses macht den anderen zum Objekt, und der Begleiter steht mit zuviel Distanz der Situation und Person des andern gegenüber, drängt zu Entscheidungen, verliert leicht die Geduld, fühlt sich genervt oder überfordert. Das wesentliche Ziel eines helfenden Gesprächs – persönliche Schwierigkeiten erkennen und selbstgefundene Einsicht ermöglichen – kann durch direktives, lehrerhaftes, entmündigendes Vorgehen nicht erreicht werden. Ein Leidender fühlt sich beim direktiven Vorgehen schnell unverstanden und nicht ernstgenommen. Der Begleiter provoziert Widerstände: Druck erzeugt Gegendruck. Dieses direktive Vorgehen grassiert leider auch bei Berufshelfern wie ein Virus: rasch und unbesehen einen „guten" Rat erteilen, eigene Erfahrungen vorschieben oder direktiv anweisen: So, so, so ... sollten Sie. Dann aber sollte eine Reaktion wie diese nicht verwundern: „Sie verstehen mich nicht, stehen mir nicht zur Seite. Sie dirigieren, beschämen mich" – wenn ein Patient dann überhaupt noch in der Lage ist, diese seine Empfindungen zu äußern. Wenn ich als Seelsorger, Arzt, Partner, Freund auf einen Kranken mit meinem Denkschema, mit meinen Erfahrungen reagiere, ist es für mich äußerst schwer, ihn noch richtig, d. h. angemessen zu verstehen.

„Was die kleine Momo konnte wie kein anderer, das war: Zuhören. Das ist doch nichts Besonderes, wird nun vielleicht mancher Leser sagen, zuhören kann doch jeder. Aber das ist ein Irrtum. Wirklich zuhören können nur ganz wenige Menschen. Und so wie Momo sich aufs Zuhören verstand, war es ganz und gar einmalig.

Momo konnte so zuhören, daß dummen Leuten plötzlich sehr gescheite Gedanken kamen. Nicht etwa, weil sie etwas sagte oder fragte, was den anderen auf solche Gedanken brachte, nein, sie saß nur da und hörte einfach zu, mit aller Aufmerksamkeit und aller Anteilnahme. Dabei schaute sie den anderen mit ihren großen dunklen Augen an, und der Betreffende fühlte, wie in ihm auf einmal Gedanken auftauchten, von denen er nie geahnt hatte, daß sie in ihm steckten.

Sie konnte so zuhören, daß ratlose und unentschlossene Leute auf einmal ganz genau wußten, was sie wollten. Oder daß Schüchterne sich plötzlich frei und mutig fühlten. Oder daß Unglückliche und Bedrückte zuversichtlich und froh wurden. Und wenn jemand meinte, sein Leben sei ganz verfehlt und bedeutungslos und er selbst nur irgendeiner unter Millionen, einer, auf den es überhaupt nicht ankommt und der ebenso schnell ersetzt werden kann wie ein kaputter Topf – und er ging hin und erzählte alles das der kleinen Momo, dann wurde ihm, noch während er redete, auf geheimnisvolle Weise klar, daß er sich gründlich irrte, daß es ihn, genauso wie er war, unter allen Menschen nur ein einziges Mal gab und daß er deshalb auf seine besondere Weise für die Welt wichtig war. So konnte Momo zuhören" (Michael Ende).[9]

3.2
Wie Gespräche und Begegnungen mißlingen

Eine nicht seltene Variante direktiven Vorgehens ist das Moralisieren, wie ein Beispiel verdeutlichen soll.

Eine Frau kommt zu einem Helfer und sagt: „Es ist, als ob das Leben keinen Sinn mehr für mich hat. Wozu soll es denn Tag für Tag so weitergehen?"

Eine moralisierende Antwort: „Sie sollten nicht nur das Schwere in Ihrem Leben sehen." Oder: „Sie dürfen nicht aufgeben, nicht gleich den Kopf hängenlassen und den Mut verlieren!" Solche Reaktionen gehen an der Person und ihren Gefühlen gänzlich vorbei.

Moralisieren

Moralisieren vermittelt die zusätzlich bedrängende Botschaft: So sollst du sein, sehen, dich verhalten – und so oder so auf jeden Fall nicht. Solche sich selbst disqualifizierenden Ratschläge kommen aus einem unerlösten Wertesystem, verallgemeinern, verabsolutieren Maßstäbe für den konkreten Einzelfall, üben Druck aus, suchen oder kennen gar bereits Schuld.

Dogmatisieren

Oder es wird dogmatisiert. Auf die Frage der Frau lautet die professorale, kühle Antwort dann: „Menschliche Erfahrung lehrt doch, daß das Leben ein ständiges Auf und Ab ist." Oder: „Sie sehen die Dinge zwar für sich jetzt ganz anders, aber die Erfahrung, die Wissenschaft sagt doch ..." Der Angesprochene reagiert auf rein rationaler Ebene. Eine solche Belehrung erschwert es dem Ratsuchenden enorm, für sich einen Weg zu finden. Denn hier wird die ganz persönliche, notvolle Erfahrung des Mitmenschen überhaupt nicht ernstgenommen. Der so Antwortende stellt sich der Fragenden gegenüber und nicht an die Seite. Hilfe, Heilung, begleitende Begegnung sind hier nicht in Sicht.

Diagnostizieren

Diagnostizieren – eine andere Fehlreaktion: „Es ist, als ob das Leben für mich keinen Sinn mehr hat. Wozu soll es denn Tag für Tag so weitergehen?" sagt die Frau, die in ihrem Leid keinen Weg mehr erkennen kann. Antwort: „Sie können sich offenbar mit ihrem Schicksal nur schwer abfinden." Diese wertende Reaktion verpaßt der Frau und ihrer Not eine vorschnelle Diagnose. Sie geht nicht auf Gefühle ein, sondern fällt ein wiederum beschämendes Urteil. Auch hier: keine Begegnung, sondern Konfrontation, Provokation. Das Subjekt wird zum Objekt gemacht, – fatal.

Interpretieren

Das Interpretieren ist dem Diagnostizieren sehr verwandt. Die Frage der Frau wird folgendermaßen beantwortet: „Wahrscheinlich sind Sie zu dieser Auffassung gekommen, weil Sie seit längerer Zeit keine rechte Freude mehr erlebt haben." Wiederum erfährt die Gefühlslage der Frau überhaupt keine Beachtung. Hier wird nichts anderes als kühl analysierende Ursachenforschung betrieben. So kann die Ratsuchende nicht zu sich selbst finden. Zumindest wird es ihr sehr erschwert. Die Sprache des Interpretierens: „Es ist so und so, weil ..." Erkunden oder Vermuten von Ursachen kommen zu schnell. Die Gesprächspartnerin hat noch nicht genügend Abstand zu sich selbst.

Bei dieser Fehlform einer Antwort würde z. B. ein Arzt auf die Frage der Frau etwa so reagieren: „Solche Fragen stellen sich heutzutage sehr viele Menschen. Letzten Endes schaffen es dann aber doch die meisten." In dieser Antwort spielt das ganz persönliche Hier und Jetzt wiederum keine Rolle, es wird hochdistanziert übersehen. Statt dessen wird beschwichtigt, verallgemeinert, beruhigt, verharmlost. Wer in seiner Not möchte so behandelt werden? Der Kummer wird nur noch schmerzlicher.

Ich möchte zusammenfassen: Offene, zugewandte Grundhaltung einer Lebens-, Not- und Sterbebegleitung und deren heilende Wirkungen sind von nicht zu überschätzender Wichtigkeit und Bedeutung. Der Gesprächsführende erkennt und achtet die persönliche Schwierigkeit und Not des andern. Ihr allen Raum gebend, schafft er eine Atmosphäre, die eine Subjekt-Subjekt-Beziehung entstehen und wachsen läßt. Diese Atmosphäre heißt person-zentrierte Aufmerksamkeit und ihr antwortendes Vertrauen. Dann ist jedes Gespräch eine Chance. Jene Fehlreaktionen jedoch führen Betroffene in noch größere Enge und Ausweglosigkeit.

3.3
Sinnsuche

Jeder sucht für sein Leben eigenen, persönlichen Weg und Sinn. Dabei kommt jeder auch in Phasen, in denen es zu entdecken und zu lernen gilt, den Blick von sich selbst zu lösen, über sich hinauszuschauen und als sinnvoll zu erleben, füreinander dazusein und dann einem mitmenschlichen Du Mut zu machen, seinen ihm eigenen Sinn und Weg zu suchen.

Die Orte solch wechselseitigen Aufgefangenwerdens und Mitseins waren früher mehr als heute die Familien, die Nachbarschaft, kirchliche Gruppierungen und ein christlicher Glaube. Mit wem kann dies heute gelingen? Wer gibt mir von seiner Zeit, seinem Interesse? Wo kann ich meine Maske ablegen, mein Versteckspiel aufgeben, ohne Angst zu haben, mein Gesicht, meine Würde zu verlieren? Umgekehrt kann es zur Frage werden: Ich möchte gern helfen, wo aber finde ich den, der mich braucht, der mir das Vertrauen schenkt, die Erlaubnis gibt, ihn zu begleiten bei seiner Suche nach Sinn und Weg? Wie erreiche ich ihn? Wie spreche ich ihn an, und was wird aus unserer Begegnung?

Kommt es zu einer Begegnung, zur Bereitschaft, miteinander einen Abschnitt des Lebens gemeinsam zu gehen, wird wiederum das Gespräch eine wichtige Brücke sein. Das Angebot, als Mitmensch solidarisch zu sein, und das Sich-miteinander-auf-den-Weg-Machen kann dann zu einer Tiefe und Lebendigkeit des Suchens werden, die eine neue Wirklichkeit voller Gelassenheit entdecken und annehmen läßt. Solche Begegnungen – vor allem in Krisenzeiten und Dunkelstunden – sind nicht selbstverständlich. Eine kleine Geschichte mag hier ein Hinweis sein.

„Ein moderner Mensch verirrte sich in einer Wüste. Tage- und nächtelang irrte er umher. Wie lange braucht man, um zu verhungern und zu verdursten? Das überlegte er sich beständig. Er fieberte. Wenn er erschöpft ein paar Stunden schlief, träumte er von Wasser, von Orangen und Datteln. Dann erwachte er zu schlimmerer Qual und taumelte weiter.

Da sah er in einiger Entfernung eine Oase. Aha, eine Fata Morgana, dachte er. Eine Luftspiegelung, die mich narrt und zur Verzweiflung treiben wird, denn in Wirklichkeit ist gar nichts da. Er näherte sich der Oase, aber sie verschwand nicht. Sie wurde

im Gegenteil immer deutlicher. Er sah Dattelpalmen,
das Gras und die Felsen, zwischen denen ein Quell
entsprang. Es kann natürlich eine Hungerphantasie
sein, die mir mein halbwahnsinniges Hirn vorgau-
kelt, dachte er. Solche Phantasien hat man ja in mei-
nem Zustand. Natürlich, jetzt höre ich sogar das Was-
ser sprudeln. Eine Gehörhalluzination. Wie grausam
die Natur ist! – Mit diesen Gedanken brach er zusam-
men. Er starb mit einem lautlosen Fluch auf die uner-
bittliche Bösartigkeit des Lebens.

Eine Stunde später fanden ihn zwei Beduinen.
‚Kannst Du so etwas verstehen?' sagte der eine Be-
duine zum anderen. ‚Die Datteln wachsen ihm bei-
nahe in den Mund. Er hätte nur die Hand auszustrek-
ken brauchen. Und dicht neber der Quelle liegt er,
mitten in der schönen Oase – verhungert und verdur-
stet. Wie ist das nur möglich?'

‚Er war halt ein moderner Mensch', antwortete der
andere Beduine. ‚Er hat nicht daran geglaubt.'"[10]

Wer kennt nicht die Sehnsucht, wer nicht den Durst
und Hunger nach Lebensoasen? Sehnsucht nach Begegnung und Ankommen? Sehnsucht, daß einer hört, was
hinter den Worten wohnt und vielleicht schon lange
schweigt? Wie leicht könnten doch ein Wort, ein ein-
fühlsames Gespräch wie eine Oase sein. Wie oft habe
ich solche leeren Hände und schier verhungerte Herzen geschaut. Ich wünsche allen, den Patienten, den
Sterbenden, ihren Angehörigen und Freunden, ihren
Begleitern solche Oaseerfahrungen, – keine guten Ratschläge, keine Rezepte, schon gar nicht fromme Worte
oder Bibelsprüche, sondern die Bereitschaft:

+ aufeinander zu hören,
+ einander auszuhalten – auch das Schweigen,
+ einander zu begegnen auf dem Weg in der Wüste.

Wüste – wieviel Wüste gibt es, ganz in meiner Nähe:
Ich fühle mich so allein, so überflüssig, krank, ein-

sam und weiß nicht, wie es weitergehen soll. Ich fühle mich hilflos, unsicher, habe Angst, und keiner ist da. Nein, viele sind da, manchmal viel zu viele, aber keiner sieht *mich*, hört *mich*, fragt *mich* ...

„Jeder ist des anderen Feind; das gilt sogar für Menschen, die einander in Liebe zugetan sind. Nur der Dialog kann aus dieser Feindschaft erlösen. Der Dialog ist für die Nächstenliebe so wichtig wie das Blut für den Körper. Wenn der Blutstrom zu kursieren aufhört, stirbt der Organismus. Wenn der Dialog abstirbt, stirbt die Liebe, und Haß und Empfindlichkeit treten an ihre Stelle. Aber der Dialog kann eine erstorbene Beziehung wiederherstellen. Ein offenes Gespräch kann dieses Wunder vollbringen: Es kann eine menschliche Beziehung ins Leben rufen und eine, die bereits tot war, wieder zum Leben erwecken" (R. Howe).[11]

Zwei Beispiele aus meinen Erfahrungen sollen dies anschaulich, spürbar machen:

(1) Etwa 28 Stunden nach einem Selbsttötungsversuch gehe ich zu einem Mann Mitte 30. Er ist ansprechbar. Ich stelle mich vor und frage, ob er mit mir sprechen möchte. Er stimmt zu, und ich hole mir einen Stuhl. Es ist der Anfang einer Beziehung. Durch die Position – den Stuhl, auf den mich zu ihm setze – wird deutlich: Ich möchte sein Gesprächspartner sein, nicht von oben herab mit ihm reden. Ich spreche ihn an: „Es muß in Ihrem Leben sehr viel zusammengelaufen sein, daß es für Sie so unerträglich wurde, daß Sie es nicht aushalten konnten." Eine Pause. Dann erzählt der Mann von den Verletzungen, die ihm seine Frau durch ihr verletzendes Verhalten zugefügt habe. – Im Zimmer lagen noch andere Patienten und waren damit auch Zuhörende. Trotzdem erzählte er. Er stand noch unter großem Druck. Mir fiel es in dieser Umge-

bung nicht leicht, seine ganz persönlichen Erlebnisse störungsfrei aufzunehmen, wollte ihm aber wirklich zuhören können. Daher unterbrach ich ihn nach einer Weile und bot ihm ein Gespräch unter vier Augen an. In den folgenden Begegnungen habe ich ihm zunächst „nur" zugehört; etwas anderes suchte er jetzt nicht, und dann haben wir miteinander gesucht, welche neue Lebensspur für ihn möglich sei und wie er die ersten Schritte wagen könne. Aus dieser Gesprächsbegleitung im Krankenhaus erwuchs eine Weiterbegleitung in der „Zeit-Oase".

Gerade für die Kontakte mit Suizidpatienten und Depressiven halte ich es für wichtig, wenn in den ersten acht Tagen tägliche Gesprächskontakte stattfinden und dann mit dem betroffenen Patienten weitere Gespräche mit einer zeitlichen Begrenzung vereinbart werden. Diese sollten zunächst zwischen dem Betroffenen und dem Begleiter allein geführt werden, aber auf Dauer die Bezugsperson(en) möglichst mit einbeziehen.

(2) Auch die Wachheit und Fähigkeit des Helfers/Begleiters, sich zu erinnern, hat eine große Bedeutung. Das zweite Beispiel: Eine Frau, Ende 40, kommt mir auf dem Stationsflur entgegen. Sie stutzt, erkennt mich und spricht mich an. Vor drei Jahren hatten wir – während eines Krankenhausaufenthalts – schon einmal Kontakt. Daß sie sich und ich mich daran erinnerten, ließ recht rasch wieder ein intensives Gespräch entstehen. Als wir in einer Sitzecke des Flures Platz genommen hatten, sagte sie: „Ich kann überhaupt nicht mehr beten. Mein Leben ist dunkel und voller Langeweile, Trauer und Angst ..." Ich bot ihr einige Metaphern an: „Ich höre, Ihr Leben fühlt sich an wie ein Loch, wie ein dunkler Raum, Sie stehen allein auf einem großen Platz in Dunkelheit ..." Nach einer kleinen Pause antwortete die Frau: „... wie ein Baum, an dessen Äste keine Knospen sprießen können." Die-

ses Bild wurde dann Ausgangspunkt einer Entdek-
kungsreise, bei der sie erkannte, daß in ihrem Leben
immer nur eines im Vordergrund stand: für ihre Familie dazusein. Ihr ganzer Lebensinhalt und ihr Beten
war nur von dem einen erfüllt: ihrem Sorgen für andere Menschen. Jetzt war niemand mehr da, sie war
allein – und fühlte sich wie dieser abgestorbene
Baum. Nachdem sie dies nun ganz deutlich anhand
der Metapher schmerzlich und zugleich klar erkannt
hatte, suchten wir nach Möglichkeiten, wie sie ihrer
veränderten Lebenssituation neue Themen und Inhalte geben, wie sie ihr Kräfte wiederfinden und neue
Schritte tun könnte.

3.4
Drei wesentliche Schritte der Begegnung

Diese Beispiele machen deutlich, daß Begegnung – mit
der Bereitschaft zuzuhören – drei wesentliche Schritte
miteinander verbindet:

+ sich einlassen,
+ zulassen und aushalten,
+ loslassen.

Sich einlassen

Verbal, nonverbal und emotional signalisiere ich, daß
ich bereit und offen bin, dem andern zu begegnen; in
der Begegnung achte ich darauf, daß ich alle Töne
und Untertöne wirklich wahrnehme; dabei bin und
bleibe ich zugleich bei mir selbst, d. h. begegne ich einem Krebspatienten, nehme ich auch die Vorstellung
in mich auf, daß ich selber Krebspatient sein könnte
und wie ich dann eine solche Situation erleben würde
und dahin käme, sie anzunehmen.

Zulassen und aushalten

Bei einem solchen Mich-Einlassen in Freiheit – nicht mit fertigen Rezepten – käme hinzu, daß ich die Erfahrung des Patienten zulasse und aushalte: Ich lasse sein Erleben, seine Art zu und ebenso meine eigenen momentanen Empfindungen in dem Gespräch. Ich halte ein Schweigen aus, das Aufbegehren oder den Widerstand des Patienten gegen seine Krankheit. Im Aushalten geschieht Annahme und öffnen sich nach und nach Möglichkeiten gemeinsamen Suchens, vom nur leidvollen Erleiden zum Durchleiden und Durchleben zu finden.

Loslassen

Dies kann oft ein langer gemeinsamer Weg sein. Denn es geht dabei immer um die noch einmal schmerzliche Erfahrung des Loslassens: des Loslassens gewohnter, vertrauter Fähigkeiten und Erlebnismöglichkeiten, der Berufstätigkeit oder des Studiums, des Eingebundenseins in ein soziales Umfeld, der Geborgenheit einer Wohnung oder eines Hauses, in allem des Loslassens eines großen Stücks Freiheit und Selbständigkeit. Gerade das Loslassen bedeutet in allem Schmerz die Erfahrung eines kleinen Sterbens, das der behutsamen und stützenden Begleitung bedarf.

Des öfteren bin ich Menschen begegnet, deren Not und Lebenskrise so schmerzlich war, daß sie nicht in der Lage waren, über ihre Empfindungen zu sprechen. Es hatte ihnen buchstäblich die Sprache verschlagen.

Nach einem Gottesdienst bat mich eine Frau um ein Gespräch. Nachdem wir im Büro Platz genommen hatten, schaute sie mich mit großen, suchenden und zugleich leeren Augen an und schwieg. Nach etwa 20 Minuten stand sie auf, bedankte sich für dieses „Gespräch". Es hätte ihr geholfen. Solches Schwei-

gen, solche Nähe ohne Worte will gelernt, will zuge-
lassen, ausgehalten sein. Diese Weise gemeinsamer
Zeit, des Geschenks, daß jemand da ist, der das
Schweigen erträgt und im Schweigen kommunizieren
kann, bedeutet für einen Menschen, der für sein Leid
(noch) keine Worte hat, eine große Hilfe.

Jedes Gespräch erlebe ich wie ein erneutes Aben-
teuer, es verlangt von mir immer wieder die ganze Bereitschaft, dazusein, wach zu sein und mit allen Sinnen hinzuspüren. Ich selber war als Krankenpfleger
und bin nun als Seelsorger froh darüber, die schwierige
Kunst der Gesprächsführung am Kranken- und Sterbe-
bett er-lernen, er-leben zu können. Für Begleiter und
Helfer an den Grenzen menschlichen Lebens halte ich
zudem für unerläßlich, sich immer wieder mit Kol-
leg(inn)en oder Freunden zusammenzusetzen und das
Erlebte in gemeinsamer Reflexion aufzuarbeiten, Feh-
ler zu entdecken und die „Last" solcher Begleitung teilen zu können.

Andere Wege, mit Leid und Lebensgrenzen umzugehen, sind etwa die, Empfindungen, Erfahrungen,
Ängste, Hoffnungen aufzuschreiben oder durch Bild-
worte auszudrücken. In den folgenden Kapiteln werden wir auf einige Möglichkeiten an konkreten Bei-
spielen näher eingehen.

3.5
Grundhaltungen in der Begleitung Kranker und Sterbender: Zusammenfassung

Folgende Grundhaltungen und Eigenschaften eines
Helfers und Begleiters gehen zurück auf die Grundla-
gen der Gesprächspsychotherapie nach Carl Rogers
und Reinhard Tausch.

Echtheit

Die Qualität, die Tiefe und Wirksamkeit einer Beziehung zwischen Patient und Begleiter(in) hängt davon ab, daß diese(r) dem Partner nicht nur als Träger einer Rolle, z. B. als Oberarzt, Oberschwester oder Gesandter einer Kirche gegenübersteht, sondern sich als individuelle namentliche Person, als Mensch einläßt. Wenn dies geschieht, wenn dazu der innere Raum geschaffen wird, ist die Tür zum heilenden Gespräch geöffnet und der Gesprächspartner weiß, was er wissen möchte: woran er ist mit seinem Gegenüber. Daraus erst kann für den Patienten die Erfahrung erwachsen, die er zur Heilung oder zur Bewältigung seiner Not so sehr braucht: angenommen zu sein, sich öffnen und mitteilen zu können, verstanden, als Mensch gesehen zu werden. Echtheit, Personalität ist zudem der Prüfstein der Glaub- und Vertrauenswürdigkeit der Helfer.

Vorbehaltlose Annahme – positive Wertschätzung

Diese Grundeinstellung vorbehaltloser Annahme geht jeder Art von „Technik der Gesprächsführung" voraus. Zu jedem helfenden Gespräch gehört eine alle Worte begleitende Atmosphäre, in der der andere spürt: Dieser Mensch hier nimmt als Mensch bedingungslos Anteil. C.G. Jung sagte: Ich kann nichts ändern, was ich nicht annehme. Mit andern Worten: Ich kann nicht helfen, nichts bewirken, wenn der andere nicht spürt, daß ich ihn bejahe.

Vorbehaltlose Annahme darf ich nicht ebenso vom Ratsuchenden, vom leidenden Menschen erwarten, sie betrifft zunächst mich selbst als Helfer, Arzt, Seelsorger. Und sie bedeutet: Ich kann nur dann wirklicher Gesprächspartner sein, wenn ich mich selbst in meinem Sosein und meinem Beruf ins Gespräch mitbringe und annehme.

Die Grundhaltung vorbehaltloser Annahme verlangt jedoch nicht, daß ich in allem auch zustimmen muß, wie Verständnis nicht in jedem Fall bedeuten muß, daß ich einverstanden bin.

Die – für viele Menschen unbekannte oder äußerst seltene – Erfahrung vorbehaltloser, positiver Wertschätzung ihrer Person und Befindlichkeit ermöglicht gerade dem Leidenden, Vertrauen zu gewinnen als entscheidende Voraussetzung dafür, ebenso vorbehaltlos sein Herz zu öffnen. Annahme, Wertschätzung in zweifelsfreier Echtheit erfährt der Kranke und Sterbende vor allem als not-wendenden Trost, dessen er so sehr bedarf.

Die Mitarbeiter im Haus Hörn in Aachen, dem ersten neuen Hospiz in Gesamtdeutschland, haben für ihren Dienst das Leitwort gewählt: „Heilen – das können wir selten, lindern – oft, aber trösten können wir immer."

Einfühlendes Verstehen

Ausdruck der positiven Wertschätzung ist ein Drittes: Der begleitende Gesprächspartner bemüht sich, die Person und Welt des anderen zu erfassen, sich hineinzufühlen. Das griechische Wort: „Empathie" beschreibt, worum es hier geht, sehr treffend. Empathie, Einfühlung ist jedoch wiederum nur möglich, wenn der Helfer es versteht, sich selbst, seine Gefühle wahrzunehmen und zu äußern. Denn seine Aufgabe ist es vornehmlich, das Gehörte, Empfundene, Mitgefühlte dem Patienten zu „spiegeln" (Carl Rogers), d. h. ihm mit meinen Worten zu sagen, was ich verstanden habe. Mein Echo ermöglicht es ihm, dieses eventuell zu korrigieren, zu verdeutlichen und so einen Schritt weitergehen zu können. Die Kunst dieses „Spiegelns" ist der Hebammenkunst vergleichbar. Ruth Cohn, die Begründerin der Themenzentrierten Interaktion (TZI) gibt dem Gesprächsbegleiter zu bedenken: „Gibst du mehr, als der andere braucht, bist du ein Mörder; gibst du ihm zu wenig, bist du ein Dieb."

Von großer Bedeutung ist vor allem das Mitteilen dessen, was ich an emotionalen Erlebnissen und Inhalten gehört, empfunden habe. Diese verbergen sich oft in den Worten, sind aber der eigentliche Raum der Not, des Schmerzes. Ihn gilt es gleichsam zu heben, und zwar ganz im Sinne Ruth Cohns. Hier, im Raum der emotional besetzten Erlebnisinhalte, geschieht Verzweiflung und Resignation, die erlöst sein wollen. In solchen Gesprächen ist eine Veränderung beider Personen unausbleiblich. Auch ich muß mich selbst wahrnehmen mit den eigenen Ängsten und Aggressionen. Auch ich muß neu aufbrechen und die Grenzen der Hilfestellung entdecken und sehen. Auch das folgende Gebet ist für mich hilfreich für meine Wahrnehmung und Einordnung: „Herr gib mir die Gelassenheit, Dinge hinzunehmen, die ich nicht ändern kann; und gib mir den Mut, Dinge zu ändern, die ich ändern kann; und gib mir die Weisheit, das eine vom anderen zu unterscheiden."

Das einfühlende Verstehen und das aus ihm kommende Echo verdeutlichen noch etwas mehr das Wort „Metriopathie". Metriopathie wird im Hebräer-Brief des Neuen Testaments zur Bezeichnung einer Eigenschaft des Hohenpriesters verwendet. Metrio weist hin auf das Solidarisch-Sein, das Mit-Sein mit dem Gesprächspartner, auf das Mitten-drin-Sein. Pathie von pathein meint das engagierte Empfinden, Anteilnehmen, Gegenwärtig-Sein. Es gibt viele Szenen im Neuen Testament, wo Jesus einem Menschen mit leidenschaftlicher Empathie und Metriopathie begegnet, beispielsweise am Grab des Lazarus oder als ihm die Pharisäer eine Ehebrecherin vorführen.

Zur Verdeutlichung bzw. Konkretisierung der drei Grundhaltungen seien aus einem Trainingsprogramm mit Menschen, die in der palliativen Medizin tätig sind, einige Reflexionsfragen genannt:

+ Lege ich während des Zuhörens innerlich alles beiseite?
+ Schaue ich meinen Gesprächspartner an?
+ Versuche ich zu verstehen, warum er jetzt gerade dieses sagt, gerade dieses fühlt, was ihn dabei bewegt?
+ Laß ich den anderen sein Anliegen in Ruhe aussprechen und ermuntere ihn, wenn er ins Stokken gerät, weiterzusprechen? Oder unterbreche ich, um meine Meinung loszuwerden? Höre ich zu, selbst wenn ich schon ahne, was nun kommt?
+ Gebe ich meinem Gesprächspartner den Raum, eigene Schlüsse zu ziehen, oder neige ich dazu, ihn zu korrigieren, ihm die Richtung weisen zu wollen?

3.6
Die Kunst der kleinen Schritte

Folgende Geschichte von Michael Ende aus seinem Buch „Momo" kann ermutigen, an die Macht der kleinen Schritte zu glauben:

„Beppo, der Straßenkehrer, tat seine Arbeit gern und gründlich. Er wußte, es war eine sehr notwendige Arbeit. Wenn er die Straßen kehrte, tat er es langsam, aber stetig: bei jedem Schritt einen Atemzug und bei jedem Atemzug einen Besenstrich. Schritt – Atemzug – Besenstrich. Schritt – Atemzug – Besenstrich. Dazwischen blieb er manchmal ein Weilchen stehen und blickte nachdenklich vor sich hin. Dann ging es wieder weiter. Schritt – Atemzug – Besenstrich – Strich – Strich – Strich.

Während er sich so dahin bewegte, vor sich die schmutzige Straße und hinter sich die saubere, kamen ihm oft große Gedanken. Es waren Gedanken ohne Worte, Gedanken, die sich so schwer mitteilen ließen, wie ein bestimmter Duft, an den man sich nur eben gerade noch erinnert, oder wie eine Farbe, von der man geträumt hat. Nach der Arbeit, wenn er bei dem Mädchen Momo saß, erklärte er ihr seine großen Gedanken. Und da sie auf ihre besondere Art zuhörte, löste sich seine Zunge, und er fand die richtigen Worte.

,Siehst du, Momo', sagte er dann z. B., ,es ist so: Manchmal hat man eine sehr lange Straße vor sich. Man denkt, die ist so schrecklich lang; das kann man niemals schaffen, denkt man.' – Er blickte eine Weile schweigend vor sich hin, und dann fuhr er fort: ,Und dann fängt man an, sich zu eilen. Und man eilt sich immer mehr. Jedes Mal, wenn man aufblickt, sieht man, daß es gar nicht weniger wird, was noch vor einem liegt. Und man strengt sich noch mehr an, man kriegt es mit der Angst, und zum Schluß ist man ganz außer Puste und kann nicht mehr. Die Straße liegt immer noch vor einem. So darf man es nicht machen.'

Er dachte einige Zeit nach. Dann sprach er weiter: ,Man darf nie an die ganze Straße auf einmal denken, verstehst du? Man muß nur an den nächsten Schritt denken, an den nächsten Atemzug, an den nächsten Besenstrich. Und immer wieder nur an den nächsten.'

Wieder hielt er inne und überlegte, ehe er hinzufügte: ,Dann macht es Freude, das ist wichtig, dann macht man seine Sache gut. Und so sollte es sein.' Und abermals nach einer langen Pause fuhr er fort: ,Auf einmal merkt man, daß man Schritt für Schritt die ganze Straße gemacht hat. Man hat gar nicht gemerkt wie, man ist nicht außer Puste.' Er nickte vor sich hin und sagte abschließend: ,Das ist wichtig.'"[12]

4
Anfang und Ausgang des Lebens

4.1
Was leben und was sterben läßt

Der Mensch kann nur Mensch werden, wenn nach seiner Geburt Menschen da sind, für ihn, mit ihm. Er kann sich aus seinem Leben als Mensch nur verabschieden, wenn er in seinem Sterben nicht allein ist, sondern jemand da ist, für ihn, mit ihm.

Ein neugeborenes Kind braucht, um leben zu können, Luft, Wärme, Nahrung, Zuwendung, Pflege, Geborgenheit und Kontakt. Ein Sterbender braucht, um loslassen zu können, Luft, Wärme, Nahrung, Zuwendung, Pflege, Geborgenheit und Kontakt. Sich auf Menschen verlassen zu können ist Voraussetzung zum Leben und zum Sterben.

Der neugeborene Mensch braucht Luft: Luft, die er aufnimmt, die ihn belebt, durchatmet, die er wieder abgibt, um neu aufzunehmen. Er braucht Wärme: Menschen, die ihn willkommen heißen, ihn lieben, versorgen. Er braucht Nahrung, seine Nahrung, die ihm guttut, ihn wachsen läßt und ihm bekömmlich ist. Er bedarf der Zuwendung und Pflege: Menschen, deren Nähe er spürt, wenn sie ihn waschen, trocknen, cremen und wärmen. Ein Neugeborener braucht Geborgenheit und Kontakt.

Genau die gleichen Erfahrungen, Berührungen, Zuwendungen benötigt ein Mensch bei seinem letzten Lebensabschnitt: Luft, Luft zum Atmen, Erfrischen, Sprechen, Weinen und Lachen. *Nahrung*: Nahrung, auf die er Appetit hat, die ihn nicht quält und ihm keine Mühe macht, auf die er sich freut, soviel oder sowenig, wie er mag. *Pflege*: Aufmerksamkeit, nach Maß und Art, wie sie ihm guttut. Und vor allem *Kontakt*: Geborgenheit, menschliche Nähe, Berührung, Worte.

Die Parallele zwischen den Bedürfnissen eines Neugeborenen und denen eines Sterbenden sind augenscheinlich. Ihre Erfüllung ist etwas ganz anderes, am Lebensanfang und am Lebensausgang. Schauen wir noch etwas genauer hin. Es gibt kein Wachstum ohne Schmerz, ohne Krise. Und: Es gibt keinen Verlust, aus dem nicht auch ein Gewinn erwachsen kann. Sterben gehört zum Leben genauso natürlich wie das Geborenwerden. Ein Säugling erlebt sein Geborenwerden – wenn es mühsam ist – genauso schmerzhaft, wie ein Erwachsener das Sterben. Jener spürt wie dieser die Atmosphäre um ihn herum.

Ein Vergleich legt sich auch in folgender Weise nahe: Es gibt ein Pro und Contra zur Abtreibung eines Ungeborenen, zur Annahme oder zum Abbruch eines Lebens. Und am Ende eines Lebensweges gibt es Menschen, die sagen und klagen, daß es für sie kein Leben mehr sei: „Bringen Sie mir doch bitte ein Medikament mit, helfen Sie mir, daß ich schnell – wenn es geht, in der Nacht – einschlafe und nicht mehr aufwache."

Eine Stimme in ähnlicher Not: eine Frau, die abgetrieben hat, schreibt: „Was leben läßt" -

„Nun stand wieder täglich etwas über den Paragraphen 218 in der Zeitung. Es wurde viel Politik damit gemacht, und es meldeten sich die zu Wort, die guten Gewissens die eine oder andere Seite vertreten. Und die, die glauben, guten Gewissens sein zu dürfen. Mein Kind wäre heute schon groß, wenn es leben würde. Ich habe kein gutes Gewissen. Ich gehöre nicht zu denen, die das Recht auf ihren Bauch reklamieren, die zu ihrer Abtreibung stehen. Ich gehöre

auch nicht zu denen, die sich frei von dieser Schuld fühlen dürfen. Einmal möchte ich aufstehen, wenn eine Predigt für das ungeborene Leben gehalten wird, möchte nach vorne gehen und fragen: ‚Was tut ihr hier für das ungeborene Kind?' Ich weiß, wie das ist, schwanger zu sein, von einem Mann, der auf Abtreibung drängt. Eltern zu haben, die sagen: ‚Entweder Abtreibung oder du kommst nicht mehr nach Hause', die betteln und erpressen wegen ‚der Leute'. Freunde, die nicht helfen können. Keine Arbeit, keine Wohnung und die Zeit, die drängt – und kein Ausweg!

Gestern und heute, damals gab es noch keine Beratungsstelle. Ich mußte entscheiden, sehr schnell. Entscheiden, getrieben von Angst um die Zukunft, körperlich elend, mich völlig unfrei fühlend. Diese Entscheidung, so es denn eine war, war falsch. Ich wußte es immer besonders deutlich, als ich in der Praxis des Arztes war, auf die wertvollen Teppiche starrte und dachte: Du stehst auf Babyleichen! Ich hörte die Stimmen seiner kleinen Kinder – und meines würde sterben.

Nein, da war keine Angst vor dem Strafgesetz. Ich weiß bis heute nicht, ob ich mich im Ausland juristisch schuldig gemacht habe. Auch eine genaue Kenntnis der Paragraphen hätte nichts geändert an diesem Schritt. Ich glaube daher auch heute nicht, daß man mit Paragraphen und Androhung von Strafe Leben schützt, selten wohl auch allein durch Predigten.

Was hätte mir damals geholfen? Wichtiger noch: Was kann Frauen heute in so einer Situation helfen? Zunächst ganz sicher die Möglichkeit, sich zu informieren, ohne Druck, ohne schon zu wissen, daß man über sie herfallen und sie in einer Richtung bearbeiten wird. Insofern sind Beratungsstellen sicher ein Fortschritt. Dann aber und vor allem: Wirkliche Möglichkeiten zu einem selbständigen, eigenverantwortlichen Leben für Mutter und Kind – keine demütigende Hilfe, die immer wieder neu erbeten werden muß, gewährt aus Herablassung.

Viele Worte gegen die Abtreibung habe ich inzwischen von der Kanzel gehört, ganz in meinem Sinne. Aber wo ist in unserer katholischen Gemeinde der Kindergarten, der seine Öffnungszeiten an den Bedürfnissen der berufstätigen Mutter orientiert? Wo ist eine altersgemischte Kindertagesstätte, die auch eine Perspektive für die nächsten Jahre des Kindes und seiner Mutter aufzeigt? Solange der Pfarrer und der Pfarrgemeinderat Angst haben, es sich mit ihren Kindergärtnerinnen zu verderben, wenn sie andere Öffnungszeiten fordern, solange sie ihre Argumente aus ihren Träumen von der intakten christlichen Familie beziehen – so lange werden sie mitschuldig. Es gibt nicht nur abtreibende Frauen, auch abtreibende Kirchengemeinden!

Schauen Sie sich um: Welche Möglichkeiten hat konkret eine unversorgte Frau mit ihrem Kind – außer der, immer wieder um Hilfe zu bitten, die zwar ‚gütig‘ gewährt wird, aber nicht selbstverständlich in Form von festen Einrichtungen vorhanden ist. Was schützt das ungeborene Leben noch? Ganz sicher der feste Glaube, was auch kommen mag, auf Gottes Hilfe Leben wagen zu können. Aber dieser Glaube läßt sich nicht durch Paragraphen wecken. Er wird wohl am ehesten in der Geborgenheit eines Elternhauses vermittelt – ich hatte das nicht. Aber christliche Gemeinden können durch solidarisches Handeln etwas von Gottes Solidarität mit uns durchscheinen lassen – vielleicht trägt das.

Betroffen, getroffen ... und noch etwas: Gehen Sie etwas vorsichtiger mit Worten um! Wir, die wir schuldig geworden sind, schweigen, schweigen um unserer selbst willen und mehr noch um der Menschen willen, die uns anvertraut sind. Wenn der Pfarrer gegen die abtreibenden Frauen wettert und alle zustim-

mend nicken – vielleicht ist dann die nette Tischmut-
ter, die freundliche Helferin beim Seniorennachmit-
tag betroffen, getroffen – wie vom Steine werfen. Wis-
sen Sie, wie das ist, den eigenen Kindern nicht in die
Augen sehen zu können, wegen des ungeborenen Ge-
schwisterkindes? Wie das ist, Eltern im Alter beiste-
hen und pflegen zu sollen, die uns in unserer
schlimmsten Not aus ihrem schönen geräumigen
Haus geschickt haben, mit dem Satz: ,Töte es!'? Ja
selbst das Schlimmste ertragen zu haben: die Verwei-
gerung der Vergebung im Bußsakrament? Wissen Sie,
wie das ist?

Dabei nicht in Haß zu verfallen gegen sich selbst
und gegen andere ist nur möglich im Glauben und
Vertrauen auf Vergebung, trotz allem. Das allein läßt
leben. Und vielleicht die Hoffnung, wenigstens hier
und da Menschen zu bewegen, mehr zu tun und zu
wagen, damit Leben gerettet wird und auch ge-
lingt. "[13]

Ein Brief, der mich sehr betroffen gemacht hat und
mich seitdem begleitet. Aus vielen Gesprächen mit
Menschen bei ihrem letzten Lebensabschnitt, die
sehr allein und sich im Stich gelassen fühlten, hörte
ich ähnliche Worte. Daher möchte ich mit den Worten jener Frau *„Was leben läßt* – Stimme einer Frau,
die abgetrieben hat" Worte am Lebensende verbinden:
„Was *läßt mich noch leben?* – Stimmen von Menschen, die den Wunsch hatten nach einer Sterbehilfe".

„Hilf mir, daß ich schnell sterbe" – auch hier glaube
ich nicht, daß durch Paragraphen und Strafandrohun-
gen eine Lösung gefunden werden kann. Ich bin heute
fest überzeugt: Ein Mensch kann ohne Sterbehilfe
sterben, wenn er sich nicht verlassen fühlt, wenn
Menschen um ihn sind, die ihn nicht von oben herab
bedienen und ihm zeigen, wie schwer das alles ist,
sondern die menschlich und auch emotional zuge-
wandt für ihn da sind. Ich bin gegen jegliche Form ak-

tiver Sterbehilfe. Ich möchte aber den vielen Menschen – ähnlich jener Frau, die abgetrieben hat – eine Stimme geben, wenn ich aus vielem Miterleben sage, daß ein Mensch nur dann bis zuletzt wirklich leben und gelassen sterben kann, wenn er nicht abgetrieben wird. „Abtreibung" heißt hier: hinausgestoßen werden aus einer humanen, personzentrierten Versorgung, aus einem empfindsamen Miterleben, aus psychisch und körperlich geschenkter Wärme, aus geteilter Hoffnung, aus Angst und Sorge, – hinausgestoßen aus alledem, weil allen anderen alles andere wichtiger scheint.

Ich appelliere an jeden, der mit Sterbenden zu tun hat, ihnen begegnet, wo und wann immer: daß wir diese stillen Stimmen hören, wahrnehmen als ein Signal, als Bitte, als Brücke von Mensch zu Mensch – und nicht reagieren mit erneuten politischen, kirchlichen, pfarrgemeindlichen, städtischen Debatten und Diskussionen. Daß wir ein Herz haben und Zeit für Menschen, deren Stunden gezählt sind und deren Not oft unendlich scheint. Hier sehe ich auch eine große Chance und Aufgabe für die Hospizbewegung.

4.2
Die Hospizbewegung

Vom Weg des Gesprächs, auf dem in vielfältiger Weise Helfer Heiler sein können, war ausführlich die Rede. Für eine humane Begleitung zum Sterben sehe ich zudem eine große Chance in der Hospizbewegung. Sie unterstützt Familien und Freunde in ihrem Dienst an Angehörigen und Freunden, und zwar durch Information und konkrete Hilfestellung zur ganzheitlichen Begleitung eines Sterbenden. Angehörige sind oft unsicher, weil sie wenig oder keine Erfahrungen haben und die Ratlosigkeit oft größer ist als der gute Wille: „Wie fasse ich – im wahrsten Sinne des Wortes – meinen Vater, meine Mutter, meine Schwester oder meinen Bruder an?"

Die Unterstützung der Hospizbewegung geschieht subsidiär, d. h.: Es wird geholfen, wo Angehörige nicht zu helfen wissen, wo sie sich überfordert fühlen. Die Hospizbewegung hat zum Ziel, daß Menschen – wenn immer dies möglich wäre – (wieder) dort sterben können, wo sie sterben möchten: bei ihrer Familie, zu Hause. Und der Dienst dieser subsidiären Begleitung ist zugleich eine große Entlastung für die Familie.

Die Hospizbewegung ist eine Möglichkeit, daß dem Sterben nahe Menschen durch eine Hausbetreuung ihr Leben in ihrer gewohnten Umgebung zu Ende bringen können. Sie bietet ihre Unterstützung und Begleitung an für die oft im Stich gelassenen Sterbenden und für ihre Angehörigen. Immer geschieht dies in einem Zusammenspiel von vielen Helfern und Helferinnen: als ein Zusammenwirken zwischen dem Sterbenden, seiner Familie, dem niedergelassenen Arzt, den Sozialstationen und vielleicht einer Hospizgruppe vor Ort. Zu diesen vielfältigen Diensten gehören gut geschulte und ihrerseits begleitete ehrenamtliche HelferInnen.

Eine andere Form der Sterbebegleitung ist das sogenannte Tages-Hospiz. Da begegnet der Kranke Mitbetroffenen, denen – soweit möglich – Gespräche in kleinen Gruppen angeboten werden. Für die pflegenden Angehörigen ist ein Tages-Hospiz eine große Entlastung.

Oder – und da ist hierzulande noch viel zu tun: Ein guter Weg wäre auch, kleine stationäre Hospize aufzubauen. Wobei ich der begründeten Überzeugung bin, daß diese eine willkommene und angemessene Hilfe wären für Menschen, die keine Familie oder nähere Angehörige mehr haben. Ansonsten bestünde m.E. erneut und auf andere Weise die Gefahr – wie bereits in unseren Krankenhäusern und Altenheimen – der Get-

74

toisierung, die Gefahr, menschliche Liebe und Verantwortung an die Bereiche „professioneller Helfer" zu delegieren (ein feineres Wort für „abschieben").

4.3
Trauerbegleitung

Mit dem Sterben eines Menschen ist die Sterbebegleitung an ihr Ende gekommen, und dann stehen Angehörige und Freunde vielleicht zum ersten Mal vor einer großen Erfahrung und Lebensaufgabe: dem Abschiednehmen und Loslassen, der Trauer. Nun bedürfen die, die bisher begleitet haben, der Begleitung und Hilfe. Trauern ist nicht selten ein langer Prozeß, und „gelernt" hat es niemand, der Trauer nicht selber schon erlebt und durchschritten hat. Wenn aber Trauer nicht genügend und bewußt Raum und Zeit bekommt – denn nun ist vor allem für nächste Angehörige und Vertraute eines Verstorbenen wirklich alles anders –, dann bleibt der Schmerz des Todes unerlöst. Und der Tod geht nicht aus dem Haus.

Die Hospizbewegung ist eine Möglichkeit, daß Menschen durch Hausbetreuung ihr Leben und Sterben in ihrer vertrauten Umgebung, in Geborgenheit und Würde erleben. Sie wäre auch ein Weg, die Anwaltsdienste für die häufig allein gelassenen Angehörigen zu übernehmen.

5

Kranksein gehört zum Menschsein – Erfahrungen von Patienten und ihren Bezugspersonen

„Nur nicht krank werden!" Wer kennt diesen Wunsch nicht selbst? Und doch: Kranksein gehört zu unserem Leben, auch wenn sich aller Lebenswille dagegen wehrt, der dann nur eines kennt: Krankheit ist eine Ausnahmesituation, die schnell vergessen und überwunden werden muß.

Ernsthaftes Kranksein birgt jedoch immer – ob wir es wollen oder nicht – eine große Herausforderung in sich, wie etwa ein Loslassenmüssen: Was vielleicht gerade noch galt, möglich oder uns vertraut war, gilt nicht mehr, geht nicht mehr, und das bedeutet eine ungekannte Belastung und Veränderung: Es ist plötzlich wirklich alles anders, bedingt und unausweichlich spürbar durch:

✦ körperliche Schwäche,
✦ psychische Unsicherheit,
✦ das Gebrochensein von Fähigkeiten,
✦ das Warten und das Abhängigsein von Personen, Apparaten und Medikamenten.

Die Sorge, wie es mit mir beruflich weitergeht, wie es meiner(em) Partner(in) damit geht, und immer auch die Frage: Warum jetzt, warum gerade ich?

Wer dann einem kranken Menschen als Arzt, Pfleger(in), Therapeut, Seelsorger oder Angehöriger begegnet, steht seinerseits vor einer großen Herausforderung, gleichsam vor einer Weggabelung: Ich sehe entweder nur die Krankheit – distanzierte, typische

Frage: „Wie geht es heute unserer Leber?" –, oder ich sehe ganzheitlich den kranken Menschen – mitfühlende Frage: Wie geht es Ihnen/Dir heute?" Echte, heilende Begegnung schließt immer mit ein, daß ich mich auf den betroffenen Menschen ganzheitlich einlasse, d. h. daß ich auch sein Erleben von Ängsten, Fragen, Unsicherheiten wahrnehme und zugleich seine Hoffnungen, Erwartungen, Sehnsüchte.

5.1
Drei Verlusterlebnisse eines Kranken

Ist eine stationäre Behandlung notwendig, erlebt der Patient meistens drei Verluste.

(1) Die Aufnahme in ein Krankenhaus oder in ein Pflegeheim bedeutet oft einen *Persönlichkeitsverlust.* Da ist nicht mehr der Diplomingenieur gefragt und angesprochen oder die leitende Angestellte in ihrem Büro, sondern ein(e) Patient(in), der/die einen Platz zugewiesen bekommt. In der Diagnostik trifft er/sie meistens auf Subjekte, die ihn/sie wie ein Objekt ihrer Berufskunst behandeln. Es geht um die Niere, das Geschwür etc., aber nicht (mehr) um diesen Menschen mit all seinen Empfindungen.

(2) Ein weiterer *Verlust* ist der *des sozialen Umfelds.* Besonders stark belastet dieser Verlust zum Beispiel Menschen, die Angst haben um ihren Arbeitsplatz, oder Mütter, die Mann und Kinder, ihre Familie, loslassen mußten.

(3) Der dritte Verlust: die oft *schmerzliche und einsame Erfahrung von Fremdheit und Ungeborgenheit.* Wer macht sich darüber noch Gedanken, daß es beispielsweise einem Kranken und Schwerkranken als

selbstverständlich verkraftbar zugemutet wird, daß für ihn die Schlaf- und Essenszeiten plötzlich auf den Kopf gestellt sind? Ältere Menschen leiden unter dem Verlust ihrer „Kuhle" im Bett zu Haus, der zwei Kopfkissen und der gewohnten Höhe des Ehebetts; denn viele ältere Menschen haben, in einem Krankenhausbett sitzend, im wahrsten Sinne des Wortes keinen Boden unter den Füßen. Zu diesen scheinbar nur äußeren Verlusten kommt ein weiterer: die sehr verkürzte und schwierige Kommunikation mit dem Personal und nicht selten auch mit Angehörigen. Ein Kranker erlebt allzu oft, wie ausschließlich über ihn hinweg, ohne ihn einzubeziehen, gesprochen wird.

Diese Verunsicherungen, Ängste und Nöte rufen bei vielen Patienten depressive Symptome hervor. Jeder Tag liegt vor ihnen wie ein unbesteigbarer Berg. Oder wie ein Patient sagte: „Am liebsten würde ich die Bettdecke den ganzen Tag über meinen Kopf ziehen. Ich kann mich über nichts mehr freuen. Ich finde mich unansehnlich. Ich fühle mich fertig. Ich möchte lieber tot sein. Wie komme ich aus diesem Loch heraus? Kaum bin ich etwas hochgekommen, da rutsche ich wieder runter." So dunkel oder selbstanklagend und depremiert erlebt und erleidet ein solcher Mensch seine Situation. Wird seine Krankheit zu einer chronischen oder gar unheilbaren, die zu seinem Sterben führt, verstärken sich seine Verlustgefühle und sein seelisches Leiden um ein Vielfaches, und es bedarf unbedingt eines Helfers.

Dieses belastende Erleben ist nicht sichtbar wie eine Wunde, eine Schienung oder ein Rollstuhl. Große Aufmerksamkeit und zugleich einfühlendes Verstehen sind Voraussetzung für eine Kontaktnahme. Die Begegnung mit einem Menschen, der in seiner Verzweiflung kein Licht mehr sieht, ist sehr schwer und bedarf großer Behutsamkeit. Ein noch junger Mensch schrieb folgende Zeilen auf, die ahnen lassen, was in kranken und schwerkranken Menschen vor sich geht, die oft nicht gelernt haben, sich verbal mitzuteilen: „Meine Räume sind Zimmer mit dumpffarbig abgebeizten Türen, die ineinander fallen zu einem gewaltigen Tor, was mich einschließt."

Jene Verlusterlebnisse für den Patienten in einem „gut funktionierenden" Krankenhaus haben erhebliche Folgen für eine Heilung und Reifung. Krankheit kann Quelle von – Heilung verhindernder – Verzweiflung sein, aber auch Chance für heilsame Veränderung und ganzheitliche Genesung. Voraussetzung ist allerdings auch dies: der Weg, die Entwicklung von einer lebenssterilen Apparate- zur Ganzheitsmedizin, die nicht allein auf die Versorgung eines erkrankten oder verletzten Körperteils fixiert ist, sondern zugleich den ganzen Menschen als leidendes Subjekt voll im Blick ihrer Aufmerksamkeit und Heilkunst hat, richten sich doch nach meinen Erfahrungen die beiden Hauptnöte eines ernsthaft Erkrankten hauptsächlich auf die bohrende Frage nach dem Sinn seiner Krankheit, seiner schicksalhaften Situation – „Warum? Warum jetzt? Warum ich?" – und auf die quälende Frage nach einer möglichen Schuld – „Womit habe ich das verdient? Was habe ich falsch gemacht?"

5.2
Überforderung der Pfleger(innen)

Richten wir jetzt unseren Blick auf die Helfer(innen), besonders auf das Pflegepersonal. Der Dienst der Schwestern und Pfleger ist aufwendiger, unruhiger und komplizierter geworden. Die Zahl der Schwer- und Todkranken im stationären Bereich nimmt ständig zu: eine Folge der Fortschritte in der Medizin und zugleich die Folge davon, daß ein Sterben in der gewohnten, vertrauten häuslichen Umgebung nicht mehr oder nur selten vorkommt. Die Sorge um Schwerkranke und Sterbende erfordert daher eine Erhöhung der stationären Pflegeintensität. Es wächst – oft über das erträgliche und verkraftbare Maß hinaus – ein großer Bedarf an Einsatzbereitschaft von Schwestern und Pflegern, vorausgesetzt, es gibt überhaupt genügend. Das „burn-out-Syndrom" bei zunehmend mehr im Krankenhaus und Pflegedienst Tätigen ist die bittere logische Konsequenz. Seine wichtigsten Merkmale:

◆ Leersein, berufliche Sinnkrise,
◆ emotionale, psychische Überforderung und Erschöpfung,
◆ Distanzierung vom Patienten,
◆ zu wenig Sorge für sich selbst.

Auf der einen Seite ist die große Zahl der nicht besetzten Stellen für das Pflegepersonal bestürzend, andererseits und für mich viel schlimmer: das „Leersein" vieler Pflegender. Nur allzu verständlich ist, daß viele Schwestern und Pfleger sich distanzieren und so versuchen, mit ihrer depressiven Gestimmtheit über die Runden zu kommen. Die Erwartungshaltung an das Personal ist oft sehr unangemessen. Viele junge Menschen werden ja nicht (mehr) aus einer christlichen Motivation heraus Schwester oder Bruder im Kranken – oder Pflegedienst. Das Berufsbild hat sich gewandelt. Die Schwester ist mehr der verlängerte Arm des Arztes. Ich möchte nicht Schwarz-Weiß malen, wehre mich aber gegen Schuldzuweisungen wie: „Das liegt an der schlechten Ausbildung des Personals. Da sind die Ärzte schuld. Sie lassen uns im Stich. Es gibt zu wenig Aufarbeitungmöglichkeit und Begleitung für die Helfer(innen)." Dies trifft sicher oft zu. Aber Schimpfen, Schuldzuweisung und Resignation helfen nicht weiter. Schritte und Wege sind gemeinsam zu suchen und zu gehen. Einige seien im folgenden benannt.

✦ Jede(r) Helfer(in) und jede(r) in einem pflegenden Dienst Tätige sollte nicht nur um sein Recht wissen, sondern es auch als Pflicht für sich selbst verstehen, *mit sich selber pfleglich umzugehen.* Das gemeinsame Gespräch über und das gemeinsame Aufarbeiten von Spannungen zwischen Patienten, Schwestern und Ärzten darf nicht die Ausnahme sein, sondern die Regel.

✦ Angesichts der – wenn auch unterschiedlichen und von jedem auf seine Weise erlebten, so aber doch gemeinsam empfundenen – intensiven Belastungen hängt immens viel davon ab, nicht neben- oder gar gegeneinander zu empfinden bzw. zu arbeiten, sondern beispielsweise in regelmäßigen Gesprächsgruppen immer wieder Wege zu finden, um zusammenzuwirken: in der *Gruppe* der Schwestern und Pfleger(innen) als gleich-wertige und gleich-wichtige Mitarbeiter und Kolleg(inn)en der Ärzt(inne)n sowie der jeweiligen Abteilungsleiter(innen).

✦ Wenn hier im Kranken- und Pflegedienst der „Menschlichkeit die Luft ausgeht" (so ein gleichnamiges Buch von Georg Betz, Freiburg i.Br. [2]1993), dann sind nicht zuletzt all die Kranken und Sterbenskranken die zusätzlich und dann wirklich sinnlos Leidenden. Hierher gehört daher auch die Frage: Woher nehmen vor allem die Schwestern und Pfleger(innen) ihre *Motivation?* Aber auch die Patienten und Ärzte? Woraus beziehen sie ihre Spiritualität? Gibt es diese für sie überhaupt (noch)? Wobei ich Spiritualität nicht eingrenze auf ein christliches Menschen- und Gottesbild, sondern überzeugt bin, daß ich mit jedem Menschen guten Willens auf ganz humaner Ebene zur befreienden, wahrhaft heilsamen Kooperation finden kann. Viele Möglichkeiten für eine gesunde berufliche Identität wie auch für eine motivierende Sinngebung werden verschenkt, wenn allein die Regeln der Apparatemedizin den Ton angeben. Ein beobachtetes und fast typisches Beispiel soll dies verdeutlichen: Da treffen sich

Dialysepatienten und Transplantierte und suchen nach Möglichkeiten, wie sie mit ihrer Angst leben können. Zu diesem Treffen erscheint nicht ein(e) Mitarbeiter(in) des Pflege- und Ärztepersonals, was die Patienten als schmerzliches Defizit empfinden.

5.3
„Bleib doch – bleiben Sie doch noch!"

„Bleib doch, bleib noch etwas!" Jeder kennt diese Worte bei einem Krankenbesuch – oder sonst bei einer Begegnung. Wie oft erleben es Eltern mit ihren Kindern und Großeltern mit ihren Enkelkindern. „Wollt ihr schon wieder gehen? Bleibt doch noch!"
In Halle haben wir es nach langer Anlaufzeit geschafft, daß die Eltern von krebskranken Kindern tagsüber auf der Station bleiben können und für auswärtige Eltern in der Nähe der Klinik eine Wohnung angemietet wurde. „Bleib doch noch!" ist verbunden mit Erwartung und zugleich mit Hoffnung. Bert Brecht verdichtet diese menschliche Erfahrung mit den Versen:

> *„Es gibt kein größeres Verbrechen*
> *als Weggehen.*
> *Worauf kann man sich*
> *bei seinen Freunden verlassen?*
> *Nicht auf ihr Tun.*
> *Man kann nicht wissen,*
> *was sie tun werden.*
> *Nicht auf ihre Art.*
> *Sie kann sich ändern.*
> *Nur auf eines,*
> *daß sie nicht weggehen.* "[14]

Die Zulus in Afrika sagen es in einem Sprichwort: „Die beste Medizin ist der andere Mensch."

„Bleib doch noch!" Wer kennt nicht die darin mit-ausgsprochene Erfahrung, daß ein Mensch in Einsamkeit, in Isolierung sein Leben als Einöde, Verkümmerung, Traurigkeit erlebt, – oder wie es Jesus im Markusevangelium sagt: „Meine Seele ist betrübt bis in den Tod. Bleibt und wacht." Bleiben ist der Wunsch nach einem Du, nach Nähe, nach der Gewißheit: Ich bin mit meinem Leid nicht allein, – denn das wäre das Allerschlimmste. Hörst du mich? Ich möchte nicht allein sein.

Dieses Du oder auch ein vertrautes Sie ist für das Ertragen des jetzt schweren Lebensabschnitts, seiner Annahme und Bewältigung not-wendende Voraussetzung. In jener Sentenz verdichtet sich diese Sehnsucht jedes Leidenden: Den Acker deines Lebens kannst du nicht alleine bestellen. Den Dschungel in deinem Herzen kannst du nicht alleine roden. Das Wort, das dir hilft, kannst du dir nicht alleine sagen.

„Bleib doch, ich brauche Dich gerade jetzt, geh nicht weg – den schweren Acker meines Lebens kann ich nicht allein bestellen."

„Bleib doch, ich brauche Dich für die Annahme meiner Schuldgeschichte" – den Dschungel in meinem Herzen kann ich nicht alleine roden.

„Bleib doch, denn ich sehe keinen Horizont, keine Perspektive, kein Zeichen, was in die Zukunft weist – das Wort, das mir weiterhilft, kann ich mir nicht alleine sagen."

„Bleib doch!" – Das ist der Ruf, der Notruf eines Menschen in einer Krisensituation, eines Patienten, eines Sterbenden an uns. Hören wir diese Stimme seiner Worte, seiner Augen, seiner Hände? Hören wir den Ruf in uns, bevor wir Sätze formulieren, vielleicht Ausflüchte suchen und weggehen!

Hören wir aber auch uns selbst? Hat nicht jeder Helfer auch den Wunsch: „Bleib doch! Bleib doch, Patient, du mir Anvertrauter. Bleib doch, Doktor, Mitschwester, Pfleger, Pfarrer. Ich bin nicht gern allein bei diesem Sterbenden. Bleib doch, wache mit mir, denn ich bin hilflos und überfordert und habe Angst, das Wesentliche nicht zu hören, habe Sorge, mir selbst und diesem kranken Mitmenschen nicht gerecht zu werden. Bleib doch, lauf nicht schon wieder weg, halte mit aus, nimm dir etwas Zeit. Bald ist vielleicht keine Zeit mehr"?

Wo ungeteiltes Bleiben für einen Menschen, der seinen letzten Lebensabschnitt lebt, Erfahrung wird, erlebt er das Hören, das Auf-ihn-Hören, wie eine Schmerzlinderung, eine Erlösung. Mehr noch dann, wenn aus dem Gehörtwerden, aus dem Bleiben heraus, aus dem Mitsein heraus ein gemeinsames Tasten und Suchen erwachsen kann.

Hören, Hinhören, Hinhorchen ist oft mehr als ein Wort. Es ist gleichsam die Quelle wirklicher Begegnung, die Quelle der Sehnsucht, der Verheißung und Hoffnung für den Leidenden. Heilkräftige Wirkung ermöglichen der Pfleger, die Schwester, der Arzt, der Seelsorger und die Angehörigen, wenn sie sich bemühen, diesen Mitmenschen zu begleiten. Und auch sie – ich habe es oft erlebt – werden zu Empfangenden, zu Aufgefangenen. Denn auch sie brauchen ein Ohr, das zuhört. Auch sie brauchen die Erfahrung des Gehörtwerdens, des Angenommenseins – im Spiegel des Leidenden, des Mitmenschen, der da den Weg vorausgeht, den jeder zu gehen hat. Auch die Helferin darf erleben: Mich hält jemand aus mit meiner Unsicherheit, mit meinen Fragen, mit meinen Entschuldigungen, meinen Klagen und Zweifeln, – wie oft war tief betroffen von der Kunst des Hörens und Spürens kranker, schwerkranker Menschen.

Hören kommt vor dem Reden. Hören auch auf die eigene innere Stimme und auf die Signale, die mein Körper gibt und die Hinweis sein möchten. Folgende Geschichte weist hier auf etwas Notwendiges in jedem Menschenleben hin:

„Eine Himalaya-Expedition war unterwegs nach Nor-
den. Nachdem die Gruppe den ersten großen Paß
überschritten und eine kurze Rast gemacht hatte,
rief der Expeditionsleiter wieder zum Aufbruch. Dem
leisteten aber die indischen Träger nicht Folge. Als ob
sie nichts gehört hätten, blieben sie weiter auf ihren
Planen hocken, die Augen am Boden, und schwie-
gen. Als der Eropäer weiter in sie drang, schauten ihn
einige Augenpaare verwundert an. Schließlich sagte
einer: ,Wir können nicht weitergehen, wir müssen
warten, bis unsere Seele nachgekommen sind.'"[15]

Hinhocken, warten, verweilen, in allem Erleben auch
die Seele nachkommen lassen – ist dies nicht ein treff-
sicheres Bild für das, was uns heute nottut? Hören,
Hinspüren kommt vor dem Wort. Wo ist, wo bleibt
die Seele, wenn wir im wörtlichen Sinn jenes Bildes
so viele Dinge, so viele Landschaften unseres Lebens
überfliegen, durcheilen in Zeitnot und auch noch in
Notzeiten, sowohl als Betroffene (Patient und Patientin) als auch als Helfer, Helferin, Arzt, Schwester und
Seelsorger. Die Weisheit der Indianer ist beste Medizin: uns hin und wieder wartend hinhocken, verwei-
lend, hörend, bis wir wieder *be-seelt*, wieder *ganz*
sind.

Eine afrikanische Geschichte kann uns hierzu Hinweise geben:

„Ein Mann schickte seine beiden Söhne, Tambu und
Rafiki, hinaus ins Grasland, um sich in den Dörfern
umzusehen. Er gab ihnen den Auftrag: ,Hinterlaßt
Zeichen auf eurem Weg!'

Die beiden Söhne gehorchten dem Vater und gin-
gen hinaus ins Grasland. Nach wenigen Schritten
schon begann Tambu, Zeichen auf seinen Weg zu ma-
chen. Er knüpfte einen Knoten ins hohe Grasbüschel,
dann ging er ein Stück weiter und knickte einen
Zweig von einem Busch. Dann knüpfte er wieder Kno-
ten ins Grasbüschel. So war der ganze Weg, den er

ging, voller Zeichen. Aber er zog sich von allen Menschen zurück und sprach mit niemandem.

Ganz anders verhielt sich sein Bruder Rafiki. Er machte keine Zeichen am Weg. Aber im ersten Dorf setzte er sich zu den Männern im großen Palaverhaus, hörte zu, aß und trank mit ihnen und erzählte aus seinem Leben. Im nächsten Dorf schloß Rafiki Kontakt mit einem Jungen, der ihn in seine Familie mitnahm, in die Dorfgemeinschaft einführte. Im dritten Dorf bekam Rafiki von einem Mädchen bei der sengenden Hitze einen kühlen Trunk angeboten und durfte das Dorffest mitfeiern.

Tambu bekam von alldem nichts mit; er hatte Arbeit mit seinen Grasbüscheln und geknickten Zweigen.

Als die beiden Brüder nach ihrer Heimkehr dem Vater von ihren Erlebnissen erzählten, machte er sich mit ihnen auf denselben Weg. Überall wurde Rafiki mit seinem Vater herzlich aufgenommen – Tambu, aber kannte kein Mensch. ‚Ich verstehe nicht, warum mich keiner kennt‘, sagte Tambu, ‚alle sind zu Rafiki freundlich, der nichts anders getan hat, als geguckt; kein einziges Grasbüschel hat er geknüpft und wird von allen gekannt und geehrt.‘

Da sagte der Vater: ‚Es gibt noch andere Zeichen als Grasbüschel, mein Kind: Das sind Zeichen, die ein Mensch in den Herzen anderer Menschen hinterläßt, wenn er zu ihnen geht, mit ihnen spricht und ihnen seine Freundschaft zeigt. Solche Zeichen hat Rafiki auf seinem Weg hinterlassen; darum haben ihn die Leute wiedererkannt und freundlich gemocht, wenn er kommt. Solche Zeichen in den Herzen der Menschen bleiben, wenn die Grasbüschel längst von Tieren gefressen oder vom Wind weggetragen sind.‘

Da sagte Tambu: ‚Ich will auch lernen, solche Zeichen auf meinem Weg zu hinterlassen wie Rafiki.‘“[16]

Zeichen auf meinem Weg hinterlassen heißt also: Freundschaft säen, aufbauen, in *Beziehung treten zu (einem) anderen Menschen, das Angebot einer Wegge-meinschaft unterbreiten, im Hören, Schweigen und Reden ein Zeichen setzen. Hier gibt es viele Möglich-keiten gemeinsamer Wegstrecken. Vor allem das Hin-hören hat sehr viel zu tun mit dem, daß ich begreife, wie wichtig und von großer Bedeutung für jeden von uns das Wahr-Nehmen und Wahr-genommnen-Wer-den, das Hören und Gehört-Werden ist, daß ich be-greife, wie bedeutsam für mich persönlich die Erfah-rung ist: Da ist ein Mensch – wenigstens ein* Mensch –, der mir zuhört, der mir nicht über den Mund fährt, der nicht sagt „wie geht es dir?", die Ant-wort aber gar nicht hören will, sondern sofort beginnt, von sich selbst zu reden.

Dieses Hören und Begreifen, dieses Wahrnehmen eines anderen Menschen in seinem Sosein und Da-sein ist für mich sehr intensiv erfahrbar geworden bei Begegnungen mit Menschen, die entweder von Geburt an blind waren oder später durch Erkrankung die schockierende Erfahrung machen mußten, nichts mehr zu sehen. Mit solchen Menschen, knapp dreißig Frauen und Männern, erlebte ich einmal ein Wochen-ende. Für mich wurden die Begegnungen mit ihnen, das Hören auf diese ganz konkreten Menschen, ein ungeahntes Geschenk. Das feine, feinfühlige Hören auf Worte und auf Töne in den Worten hatte für sie eine weitaus größere Bedeutung als bisher für mich, der ich gewohnt war, vor allem mit den Augen wahr-zunehmen, der sieht, wenn eine Stufe kommt, der nicht hören muß, was ihm entgegenkommt, um ei-nen Zusammenstoß zu vermeiden. Für diese Men-schen ist das Hören, ja das Lauschen eine Lebens-quelle.

Diese Neuentdeckung ganzheitlichen Hörens weckte und schärfte in mir eine bislang schlum-mernde Sensibilität dafür, wie diese Menschen beispielsweise einen Gottesdienst, eine Predigt, eine Begegnung in Gemeinschaft erleben und wahrnehmen, wie behutsam und feinfühlig sie bei einem solchen Wochende miteinander unterwegs sind im Reden und im Tun, nicht als einzelne, im Haus und auf den Wegen nicht mit einem Blindenhund, einem Zivildienstleistenden oder einem begleitenden Familienmitglied, sondern allein mit ihrer Gruppe. Dieser Lernprozeß verdichtete die Erfahrung, wie das Hören Fundament, Halt und Quelle sein kann für die Begegnung zwischen diesen Menschen und mit mir – und dann ganz von innen heraus mit dem gekreuzigten und auferstandenen Jesus Christus.

Konkret: Wir versammelten uns vor dem Gottesdienst in der Kapelle. Durch Betasten verschiedener Gegenstände versuchten wir, spürend, nicht sehend, das Begriffene uns anzueignen, es in seinen Formen und seiner Symbolik aufzunehmen. So nahm jeder zum Beispiel die Schale mit dem Brot in die Hand. Das Tasten, das Begreifen, das Hören führte uns auf die Spur: Wir leben aus einer solchen Schale. Wir *spürten* den Kelch, den Becher und *spürten*, wie wir durch dieses Be-greifen eine ganz andere Verbindung zu diesem Symbol und zu unserer Gemeinschaft untereinander und mit Christus finden konnten.

Für mich wird es unvergeßlich sein, wie dann durch das Begreifen ihrer Finger, durch das ertastende Hören, durch das Ertasten mit Fingerspitzen eine junge blinde Frau zu uns sprach. Zögernd, suchend, mit viel Fingerspitzengefühl buchstabierte sie die Botschaft vom Heil, von der Menschlichkeit und Güte, von der Barmherzigkeit und Zärtlichkeit Gottes.

Zuhören: Dazu ge-hört das Suchende, Tastende, nicht das Zupackende, Fixierende, nicht das Greifende und Festhaltende. Eine wunderbare Erfahrung: Zum Hören, zum wirklichen Wahr-nehmen gehört dieses zärtliche, ahnende, erspürende und betastende Entdecken und – dann erst das Aussprechen, die Worte.

Die Erfahrung, daß ein Mitmensch zuhört, trifft und berührt besonders den Menschen, der in eine Leidsituation, in seine Passion geraten ist, der erst und manchmal lange nicht weiß und „sieht", was mit ihm geschieht. Diese Not des Leids ist so alt wie die Menschheit: Herausgeworfen aus allem Bisher und zurückgeworden nur noch auf sich selbst, auf die brutale Gewißheit, nichts mehr „machen" zu können, – da bäumt sich alles im Menschen auf. Und an sich selbst und an seine Mitmenschen gibt die verzweifelte Frage lange keine Ruhe: „Warum gerade ich?" Und dieses leibhafte Leid, dieses mit schwerer Last niederdrükkende Leid, diese Leidenden haben ganz unterschiedliche Gesichter: „Warum gerade ich – Krebs?!" – „Warum gerade ich – Durchblutungsstörung, eine Amputation?!" – „Warum gerade ich – chronische Nierenbeckenentzündung, und Weiterleben ist nur möglich mit und an einer Maschine?!" – „Warum gerade ich – angefüllt mit Ängsten, mit Fragezeichen, mit Dunkelheiten! Wer hört, wer kennt meinen Schmerz und meine Frage?"

Jeder ist da zuerst mit seiner Not allein. Und alle sind herausgerissen aus ihrem vertrauten Sozialnetz, auf sich selbst zurückgeworfen, verunsichert: Der Schmerz – mehr noch oft der innere, seelische ist dann größer als die Kraft. Wie oft hab ich's erlebt: Es gibt gerade in der heutigen Zeit so viele Leidende, deren Stimme, deren Klopfen, deren Signale so leise sind, so unsicher, daß sie kaum jemand hört. So viele Einsame, Verschlossene, Ausgeschlossene und zuvor Alleinlebende haben es, wenn Krankheit sie trifft, besonders schwer. Ihre Not, ihre Fragen, ihre Verzweiflung und Angst werden kaum gehört. Ihre oft sprachlosen Klopfzeichen gehen häufig unter in der geschäftigen Betriebsamkeit um sie herum.

Antoine de Saint-Exupery bündelt dieses Übersehen- und Überhörtwerden in einem Notschrei zum Himmel:

„Einzig, Herr, ist zuweilen meine Einsamkeit, und ich begehre nach einem Zeichen in der Wüste meiner Verlassenheit."

Nicht gehört werden: Verlassenheit, Dunkelheit! Doch will ich noch einmal auf jenes andere Wort hinweisen:

„Krankheiten sind Schlüssel, die uns gewisse Tore öffnen können. Die noch nie krank waren, sind zum Beispiel des Mitgefühls für eine ganze Anzahl Elendszustände nicht fähig."[17]

Welche Tore können sich für den Leidenden öffnen? Zunächst heißt dieses nur mehr Auf-sich-selbst-Zurückgeworfensein: Ich muß mich wahrnehmen. Leid, Krankheit ist Auftrag, Schicksal, mein Schicksal, nicht ein zufälliges, nur sinnloses Unglück, sondern mir wird eine Nachricht geschickt. Ich kann diesen Brief an mich öffnen und entziffern.

Wenn dem so ist, dann ist die Frage nicht weit: Wer schickt mir diese Nachricht? Was, wer ist mein Schicksal? – Zugleich verbirgt sich in meiner Art, mein Schicksal anzunehmen oder nicht anzunehmen, es zu erleiden oder zu durchleben, eine weitere Frage, die ich vielleicht nie zuvor wirklich entschieden und konsequent beantwortet habe: ob ich mein Leben bewußt und selbst gestalten und leben will, oder ob ich es nur ertrage, fatalistisch hinnehme, nicht lebe, sondern gelebt werde.

Selten schafft es ein Leidender allein, das Dunkel dieser Fragen zu lichten, mitten in der Kraftlosigkeit die Quelle jener unzerstörbaren Lebenskraft zu finden oder wiederzufinden, in der Antwort auf das Erkennen wartet. Hier ist ein Hinweis, dem wir im nächsten Kapitel nachgehen wollen: Ein jeder bedarf (zunächst) des Trostes, des Mitgefühls und möchte nicht nur als Herzinfarkt – personlos, technisch perfekt – diagnostiziert und therapiert, sondern in seiner Ganzheit gemeint und gehört werden. Er braucht ein menschliches Du. Um in einer solchen Grenzsituation einen Schlüssel zu entdecken für das Tor zu dem, was die Krankheit mir eröffnen will, braucht es eine(n) Begleiter(in). Diese(r) trägt mit, hört zu und sucht mit, wie es in meinem Leben weitergehen kann.

Und nicht selten eröffnet sich in einer solchen ganzheitlichen Weggemeinschaft und Begleitung noch eine andere, vielleicht verlorene oder nie gekannte und erspürte Dimension transzendenter, göttlicher Natur, die der/die Begleitete in sich entdeckt: Das Licht des Lebens kommt nicht aus der Hand des Menschen allein. Mit besonderer Intensität denke ich an die Begleitung einer Frau, die mit starken Verbrennungen auf einer Intensivstation lag. Unsere Weggefährtenschaft dauerte fast acht Wochen. Aus dem Hinhören auf ihre Sorgen, auf ihre Not als Mutter von schulpflichtigen Kindern, aus dem gemeinsamen Suchen, wie für ihre Kinder ein neues Zuhause gefunden werden könnte, führte der Gesprächsweg immer dichter zu ihrem ganzen bisherigen Leben, zu ihren unausgesprochenen und unerfüllten Lebensfragen, ihren Sehnsüchten. In der vierten Woche unserer Begegnungen spürte sie den klaren Wunsch, getauft zu werden. So bereitete sich diese Frau in ihrem letzten Lebensabschnitt auf die Taufe, die Krankensalbung und Erstkommunion vor. Sie empfing diese Heilzeichen und starb in einer Gelassenheit, in einem Frieden und Vertrauen, die mich zutiefst berührten und beschenkten. In ihrem Sterben lag neben der natürlichen, physischen Dunkelheit ein feines, stilles Licht, das wohl stärker war als der Schmerz des Abschieds.

„Die Welt ist voller großer Lichter und Geheimnisse. Aber wehe! Der Mensch verdeckt sie mit seiner kleinen Hand."[18]

6

Veränderungen, Lernprozesse im Umfeld des Sterbenden

6.1
Einem Menschen Freund werden

Immer wieder erlebe ich, daß Menschen in große Not geraten, wenn sie dem Sterben eines Familienangehörigen oder eines Mitmenschen begegnen. Von diesen Erfahrungen möchte ich nun sprechen und verdeutlichen, wie schwierig es gerade hier sein kann, Allgemeinplätze zu vermeiden.

Es ist – selbstverständlich – gänzlich inopportun, bei einem solchen sensiblen Thema laute Töne anzustimmen. Die persönliche bewußte Auseinandersetzung des Begleiters mit der eigenen Sterblichkeit, mit der eigenen Vergänglichkeit bildet die Grundvoraussetzung seines Dienstes. Ich muß lernen, daß das Sterben mein ganzes Leben begleitet und der Tod ein Teil meines Lebens ist.

Sterben als einmaliger und ganz und gar individueller Prozeß kann nicht generalisiert werden und darf auch nicht total in eine Institution eingebunden sein. Sterben kann nicht perfekt „organisiert" werden, und ich wehre mich gegen wertende Festlegungen wie: Der ist gut gestorben und die unwürdig.

Menschlichkeit im Umgang mit mir selbst, Menschlichkeit im Umgang mit Schwerkranken und Sterbenden heißt für mich: einem Menschen Freund werden, einem sterbenden Menschen zur Seite stehen, ihm Begleitung anbieten, ihm in seiner Ganzheit begegnen. Menschlichkeit im Umgang mit einem

Schwerkranken und Sterbenden bedeutet zunächst: ihm wirklich begegnen, ihn wahrnehmen und annehmen. Er bestimmt, wie dieser Abschnitt seines Lebens zu einem Abschnitt des Reifens, des Wachsens und der Hoffnung wird. Es ist wichtig, daß dieser Mitmensch das Tempo und die Stationen dieser sensiblen Weggemeinschaft bestimmt.

6.2
Ort, Zeitpunkt, Ursachen des Sterbens

In der heutigen Zeit ist der Ort des Sterbens meist das Krankenhaus, das Alten- oder Pflegeheim. Viele Menschen können sich nicht mehr vorstellen, daß sie den letzten Abschnitt ihres Lebens dort erleben und gestalten, wo sie gelebt haben – in der eigenen Wohnung. Sie vermitteln aber doch Signale, die ich hören und ernst nehmen will: Die meisten Menschen möchten zu Hause sterben. Auch viele Angehörige und Freunde haben das Anliegen, den sterbenden Mitmenschen in der Familie zu behalten. Aus meinen Erfahrungen kann ich sagen: Dies ist mit viel Fantasie, gemeinsamen Überlegungen und Absprachen möglich.

- ✦ Sterben gehört zum Leben,
- ✦ Sterben kann ein intensiver Lebens-Abschnitt werden,
- ✦ Sterben ist zu Hause möglich, vor allem dann, wenn den Angehörigen Beistand angeboten wird.

Nicht nur der Sterbeort hat sich verändert, auch das Sterbealter. Vor nicht allzu langer Zeit wurden unsere Vorfahren zwischen 25 und 30 Jahre alt. Knapp 25 Prozent aller Geborenen starben im ersten Lebensjahr; zwei Geburten waren notwendig, um einen erwachsenen Menschen zu ersetzen.

6.3
„Nur auf dem Pfad der Nacht erreichst du die Morgenröte"

Viele Jahrhunderte hindurch waren Infektionskrankheiten (Pocken, Pest) die häufigsten Todesursachen, und auch in der Vergangenheit starben viele Menschen allein: Einmal bedingt durch das Krankheitsbild, zum anderen dadurch, daß die Helfer(innen) selbst der Seuche zum Opfer fielen. So entwickelte sich im Mittelalter aus der christlichen Weltanschauung heraus – die ja den Menschen vermittelt, kein Mensch sei allein und einsam, sein Schöpfer-Gott halte ihn in seinen Armen – die „ars moriendi". Diese „Kunst zu sterben" will Hilfe sein, wie ein Mensch seinem Sterben begegnen, wie er allein sterben und wie er das Sterben lernen könne. In mittelalterlichen Holzschnitten sehen wir die „ars moriendi" dargestellt: Dem Sterbenden werden die großen Versuchungen im letzten Lebensabschnitt und zugleich die Hilfen göttlichen Trostes vor Augen geführt. Eine andere Szene zeigt, wie ein Engel die Seele des verstorbenen Menschen in Empfang nimmt.

Notwendig, not-wendend ist auch heute eine ars moriendi, die dazu dienen möchte, daß jeder in seiner Einmaligkeit sein Leben bis zu Ende leben kann. Keiner von uns ist unsterblich, auch wenn wir mit einer Lebensdauer von über 70 Jahren rechnen können, auch wenn wir das bittere Faktum der eigenen Sterblichkeit die meiste Zeit unseres Lebens weit aus unserem Bewußtsein verdrängen, auch wenn wir das „todsichere" Lebensende, Sterben und Tod tabuisieren und nur aus der Ferne betrachten. Wir werden ja auch in aller Regel in Ruhe gelassen, wenn wir nicht als Arzt, als Krankenschwester, Pfleger, Klinikseelsorger oder als Sozialarbeiter tätig sind, in Ruhe gelassen vor der direkten Berührung, vor der persönlichen Begegnung und Nähe mit Sterbenden und auch mit Trauernden.

Eine weitere Beobachtung: In der heutigen Zeit wählen zunehmend mehr Menschen (aus unterschiedlichen Motiven heraus) das Single-Dasein. So steigt die Zahl der Einpersonenhaushalte und sinkt die Zahl von Familien mit Kindern und Enkelkindern. Jemand, der über Jahre, vielleicht über Jahrzehnte allein gelebt hat, wenn auch mit kurzzeitigen Freundschaften oder in Teilzeitgemeinschaften, kann nicht plötzlich in seinem letzten Lebensabschnitt – seinem Sterben – eine Person werden, die in „geschlossener" Gemeinschaft ihr Leben zu Ende lebt. Einzelgänger bleiben Einzelgänger auch in ihrem Sterben.

Heute sterben 50 Prozent der Menschen an Herz-Kreislauf-Erkrankungen und knapp ein Viertel an den Folgen einer Krebserkrankung. Beide Erkrankungen in all ihrer Vielfalt ziehen sich über einen längeren Zeitraum hin, meist mit Intervallen, und schließen auch Heilungsmöglichkeiten ein. Für jeden Betroffenen sind sie immer ein Signal, das ihn auffordert, wahrzunehmen und zu bedenken: Zu meinem Leben gehören Sterben und Tod. Jeder muß für sich eine ars moriendi entdecken. Aus dieser ars moriendi erwächst die „ars vivendi" – eine Kunst zum Leben. Die ars vivendi bedeutet dann, daß ich mehr und mehr – jenseits allen Widerstands – bereit werde, mein Leben hier und so anzunehmen, da auch zu meinem Leben Krankheit und Krise gehören, und daß ich lernen muß loszulassen. Meine Hauptaufgabe besteht jetzt nicht darin, unter allen Umständen einen Aus-Weg zu finden, eine Not-Lösung, wie ich am besten überlebe, sondern wie ich mein Leben auch und gerade an der Grenze des Lebens mit einem Ja füllen kann.

Menschliches Leben ist immer ein Unterwegssein, auch vermeintliche Umwege. Lebenswege führen nicht immer geradlinig zum Ziel. Es gibt auch scheinbare Sackgassen, die wir aus Gewohnheit, aus Angst oder aus einer Hoffnung wider alle Hoffnung nicht anders sehen und empfinden können denn als Sackgas-

sen. Das Leben selbst kennt keine Sackgassen. Am
Ende einer Wegstrecke, an dem wir das Gefühl haben,
mit dem Rücken an der Wand zu stehen, gibt es nur eines: diese Not zu durch-leben und zu durch-leiden.
Heißt doch eines der tiefsten Lebensgeheimnisse:
„Nur über den Pfad der Nacht erreichst du die Morgen-
röte" (Khalil Gibran).

Nicht moralische Appelle durch Kirchen, Institutionen und Familien, nicht durch erhobenen Zeigefinger
werden Menschen ermutigt, ihren Weg zu suchen und
zu gehen. Es reicht nicht, darüber zu klagen, das moderne Gesundheitswesen sei nur noch eine Apparatemedizin, eine Tretmühle, aus der es kein Entweichen
mehr gebe, in der sich der Patient oft noch neue Krankheiten zu seiner Grunderkrankung hole. Eine Tretmühle, die auch Schwestern, Pfleger und Ärzte gnaden-
los zu ausgebrannten Fällen („burn-out-Syndrom")
mache. Es genügt nicht, diese Institutionen, deren
Menschlichkeit oder Unmenschlichkeit doch mit
ganz konkreten Menschen zu tun hat, schuldig zu sprechen. Weder solche beschuldigenden Feststellungen
noch moralische Appelle helfen weiter. Was wirklich
hilft und wirkt: ein Umdenken, ein neues Denken und
Beginnen, eine tiefere, existentielle, bewußte Art, sich
selbst dem Leben zu stellen, – als Betroffener im Leid
und als Mitbetroffener im Mitleiden und in allen helfe-
rischen Diensten.

Hier bin ich in meiner Empfindung ambivalent gegenüber vielen ehrenamtlichen Helfergruppen. Auf der
einen Seite sind sie eine ganz große Hilfe für konkrete,
einzelne Menschen und wirklich ein Licht in deren
Dunkelheit. Auf der anderen Seite besteht durch diese
Initiativen auch die Gefahr, daß Symptome (wie Verein-
samung, Verlassenheit, Trauer) zwar gesehen und ihnen
begegnet, einzelnen geholfen wird durch Beistand, Zu-
spruch, Trost, aber ein tiefer gehendes Umdenken, ein
erlösendes Annehmen des Unannehmbaren, ein An-
heimgeben an das Unausweichliche und scheinbar

Sinnlose kann guter und bester Wille allein nicht erwirken. Da bedarf es tiefer, auch aus Lebensdunkel erwachsener eigener Erfahrungen, um denen Begleiter zu sein, die sich mitten im Dunkel befinden. Da bedarf es auch psychologischer und spiritueller Feinfühligkeit und Kompetenz, gereift aus eigenem Leidensdruck.

Aber auch dies gilt: Abschiednehmen und einander helfen, Abschied nehmen zu können, müssen gelernt werden, und dieser Prozeß sollte sehr früh in der Lebensgeschichte beginnen. Die Fragen nach Hilfen bei der Begleitung von Sterbenden jedoch sind vielfältig und elementar, und es gibt kaum noch Erfahrungsfelder, um für diese Fragen gerüstet zu werden. Wo erleben wir einmal persönlich die Pflege eines Kranken, wo seine Fragen, seine Ängste, seine Hoffnungen? Und wo, wann haben wir es selber erlebt, daß Menschen nicht nur unsere Krankheit, unser Leid sehen, sondern ganz uns selbst mit dem, was uns da drinnen bewegt, aufwühlt, ängstigt und nicht mehr weitersehen läßt? Wir haben vieles, fast alles gelernt, aber habe ich lernen können, wie Leben geht, wie es gelingen kann, jenseits aller äußerlichen Erfolge, mitten im äußeren Stillstand, mitten im Notschrei? Mein Gott, wir haben fast alles gelernt – und irgendwann bleibt nur noch dies, und das ist paradox und plötzlich so brutal real: Die ars moriendi, die Kunst, loszulassen, bleibt als manchmal erster und einziger Lehrmeister, die ars vivendi, die Kunst zu leben, zu lernen.

Ich wünsche mir Leben bis zuletzt und möchte meinen Mitmenschen helfen, daß wir uns dem ganzen Leben, von der Geburt bis zum Sterben, stellen können und einen not-wendenden Wandel vornehmen auf persönlicher und gesellschaftlicher Ebene. Mögen diese Gedanken wie ein Traum klingen, so will ich an ein südamerikanisches Sprichwort erinnern: „Wenn ein Mensch träumt, bleibt es ein Traum. Träumen viele Menschen das gleiche, wird ihr Traum der Anfang einer neuen Wirklichkeit."

6.4
Der Traum hat eine Schwester:
Erinnerung

Der Traum und die Hoffnung haben eine Schwester:
die Erinnerung. Jener Traum, meine Hoffnung und
mein Trauern und Loslassen schließen den Prozeß
des Erinnerns ein. Ich möchte diesen Prozeß schrittweise gehen:

✦ *Erster Schritt:* Ich halte Rückschau und finde zur
Dankbarkeit. Ich erinnere mich an Menschen, die mir
die kleinen Tode in meiner Lebensgeschichte nicht abgenommen haben, aber durch ihr Da- und Sosein eine
Hilfe waren …

◆ *Zweiter Schritt:* Ich will lernen, zu meinen Schattenseiten zu stehen, zu meiner Schuldgeschichte, zu meinen nicht gegangenen Wegen, zu meiner Schlafmützigkeit ...

◆ *Dritter Schritt:* Wann und wie immer es Zeit ist, daß ich Abschied nehme, trauere, loslasse, gibt es noch eine unzerstörbare Kraft in mir, die mich stark macht, inmitten der Trauer nicht zu resignieren, mich nicht aus meinem Problemfeld zurückzuziehen, mich vielmehr im Dialog mit ihr nach Schritten und Wegen suchen läßt, eine ars vivendi *und* eine ars moriendi – gehört doch beides direkt zusammen – für mich selbst und für andere Menschen zu entdecken und lebendig werden zu lassen. Sollte ich dieser unzerstörbaren Kraft noch nie in meinem Leben begegnet sein, sollte ich sie noch nie empfunden haben ...?

Mit dem Bild vom Labyrinth in Chatres möchte ich einen Weg aus christlicher Sicht aufzeigen: Dieses Labyrinth hat 12,5 Meter Durchmesser und 94 Meter Wegstrecke. So wie diese Sicht, von außen betrachtet, vermuten läßt, ist ein Labyrinth ursprünglich nicht. Da sind vielmehr begehbare Anlagen, ineinander verschlungene Wege, die wie wirkliche Lebenswege Erfahrungen vermitteln. Der Mensch, der das alles immer nur von außen, wie ein Zuschauer anschaut, kann keine echten Erfahrungen machen. Er muß diese Wege gehen.

Ist der Weg meines Lebens, Ihres Lebens – auch inmitten von Verwirrungen und Dunkelheiten – eine befestigte und ausgeschilderte Straße, oder mutet er uns an wie ein – scheinbar – verwirrendes Labyrinth? Erlebe ich es so: Ein Labyrinth besitzt nur ein Tor, einen, meinen einmaligen Zugang, und sein Weg ist spiralförmig angelegt, zielstrebend auf seine Mitte zu ...?

Da lautet eine andere Botschaft – sie kann wirklich laut sein und unerbittlich klingen –, und wir hören und glauben sie vielleicht: Das Leben sei eine einzige

Sackgasse. Und: Wenn ein Mensch dies merke, so sei häufig die halbe Wegstrecke bereits vorüber. Ist nicht vielmehr wahr: Da bin ich zuinnerst in meiner „Mitte" angelangt, und die Augen von gestern sehen es noch nicht ...? In der Mitte der Nacht beginnt der neue Tag ... Was meinen Sie?

Zwei Möglichkeiten bietet das Leben oder besser unser Verstand: mit dem Kopf durch die Wand oder – umkehren, um 180°, mit andern Augen sehen, von innen her.

Jeder von uns kann beim Betrachten seines Weges, seines Labyrinths ganz konkrete Wendepunkte mit Datum, Zeit und Ort bezeichnen. Jeder kann sich fragen: Wo stehe ich jetzt? Es gibt offensichtlich keine geraden Wege, und so ist es nie eine nur theoretische Frage: Gibt es da, wo ich jetzt bin, (noch) einen Weg?

Die Mitte des Labyrinths ist keineswegs immer ein strahlender Punkt. Er ist meist der Ort der Dunkelheit, da das Licht des Eingangstores durch all die Wege des Lebens oft gebrochen, verdunkelt wurde. So sind Ohnmacht, Trauer oder Angstgefühle, wann immer sie einen Menschen erschüttern, lebenslogisch, Kern- und Wendepunkte menschlichen Lebens, verbirgt sich doch gerade in den Dunkelststunden eine – zunächst und manchmal lange nicht spürbare – unzerstörbare Kraft: Wir können Angst, Trauer oder Ohnmacht nur deshalb als solche erfahren, weil wir in ihnen zugleich das Fehlende, das Unerlöste, Unerfüllte spüren, nach dem wir uns gerade in diesen Stunden vehement sehnen. Und diese Sehnsucht wiederum können wir nur deshalb spüren, weil als der Motor unseres Sehnens das Ersehnte selbst bereits *in uns* gegenwärtig und am Werk ist.

Mit andern Worten: Wir könnten uns nicht sehnen, wenn das Ersehnte nicht der Motor unserer Sehnsucht wäre, und wir könnten uns nicht sehnen, wenn es das Ersehnte, das Ziel unserer Sehnsucht, den Motor dieser Sehnsucht gar nicht gäbe. Diese existentielle Einsicht hat der große Mensch und Theologe Karl Rahner in seinem Buch „Hörer des Wortes" ein-leuchtend entfaltet.

6.5
Angst und Ohnmacht bestehen

Christlich gesprochen: Mit dem Blick auf den Gottesknecht Jesus Christus können wir Hoffnung und Licht, das Bestehen der Angst und Ohnmacht erfahren. Er liefert sich – um den Motor seinens Lebenswillens wohl wissend – in seiner Leidensgeschichte dem Labyrinth aus: herumgereicht, gezerrt, gestoßen zu Pilatus, Kaiphas, den höhnenden Soldaten, zu Herodes und dem gaffenden Volk. Seine Möglichkeiten – sein Leben – engen sich immer mehr ein. Getsemani, Ölberg: Ohnmacht, Angst, Verhaftung, Fessel, entblößt, gegeißelt, Kreuzträger, zusammengebrochen, festgemacht, schreiend. Der Weg seines Labyrinths wird endgültig zum Kreuzweg, zum Weg nach Golgota. Dort findet er sein äußeres Ende.

In ihm können wir alle Menschen sehen, denen heute böse mitgespielt wird, die schuldlos ins Leid kommen, an die Grenze ihrer Kraft, in die Lebensangst, ins Sterben der kleinen Tode und des einen großen Todes. So sind wir alle hineingenommen in Jesu Passionsgeschichte.

Ist dies nun das letzte Wort? Angekommen in der Mitte des Lebenslabyrinths: Sind wir endgültig in eine todbringende, alles Leben auslöschende Sackgasse geraten? Für ein christliches Begreifen – nein: Wir gehen nicht zugrunde, wir sind nicht alleingelassen in dieser dunklen Mitte – nicht sinnlos ausgesetzt an all den Stationen unseres Weges. Er, Jesus Christus, ist nicht Opfer der Verhältnisse, sondern er hat sich freiwillig auf den Weg nach Jerusalem gemacht. So möchte ich an den Vers aus einem alten Hymnus erinnern, der symbolisch zum Ausdruck bringt, was christliche Gewißheit ist: „Die Mitte der Nacht" (eines Menschenlebens) „ist der Anfang des Tages."

Im Lukas-Evangelium wird dies deutlich:

„Jesus versammelte die Zwölf um sich und sagte zu ihnen: Wir ziehen hinauf nach Jerusalem, und alles wird vollendet werden, was von den Propheten auf den Sohn des Menschen hin geschrieben worden ist: Er wird den Heiden ausgeliefert, wird verspottet, mißhandelt und agespuckt werden, und man wird ihn geißeln und töten" (18,31).

Auch das letzte Mahl – das Abendmahl – ist Hinweis für seine Freunde:

„Und er nahm Brot, sprach das Dankgebet, brach das Bort und reichte es ihnen mit den Worten: Das ist mein Leib, der für euch hingegeben wird. Tut dies zu meinem Gedächtnis! Ebenso nahm er nach dem Mahl den Kelch und sagte: Dieser Kelch ist der Neue Bund in meinem Blut, das für euch vergossen wird" (Lukas 22,19ff).

Hier zeigt sich eine Haltung, die sein ganzes Leben geprägt hat: Bereitschaft, ohne jeden Vorbehalt und ohne jede Vorleistung in Güte zu vergeben: „Vater, vergib ihnen, sie wissen nicht, was sie tun" (Lukas 23,34). Jesus läßt sich nicht zwingen zu handeln, erleidet nicht ohnmächtig, willenlos sein Leid. Er erfüllt – durch alle Angst hindurch, mitten in aufschreiender Lebensangst und Verlassenheit – seinen Weg:

„Er hat mich gesandt, um den Armen die Heilsbotschaft zu bringen, um den Gefangenen die Befreiung und den Blinden das Augenlicht verkünden, um die Zerschlagenen in Freiheit zu setzen" (Lukas 4,18).

Hier ist die Wende, der Durchbruch aus der Sackgasse. Das Wagnis: das dunkle Gemisch aus Bedrohung, Schuld und Angst – jeder von uns kennt es und entdeckt es täglich in der Welt – zu besiegen durch die Annahme des Augenblicks, durch das errungene Ja zum scheinbar Widersinnigen und durch die unkündbare Liebe, wie Jesus sie durchgehalten hat. Kein Weg führt so in ein noch tieferes Dunkel, sondern in die Weite und ins Licht.

Dies ist der Weg Jesus Christi, sein Weg. Die Auferstehung wächst am Kreuz heran. Und für jeden Menschen gilt: Such' und geh' *deinen* Weg! Nicht erst, wenn große Not dich heimsucht. Für große Erfahrungen braucht es Vor-Erfahrungen, Einübung, Vor-Bereitung, intensives Leben.

6.6
Glauben, leben – ganz konkret

Bestehen wir die Wende? Ich meine hier auch die politische Wende Deutschlands 1989, mit all dem Aufbruch, Umbruch, Abbruch. Bestehen wir sie, wenn wir uns der Problematik stellen: Wie möchte ich mein Leben leben und zu Ende leben, wo stehe ich, und wie finden wir eine neue ars vivendi und eine neue ars moriendi?

Sind wir der Wende gewachsen? – so sollten Menschen nicht nur in den neuen Bundesländern fragen, sondern in ganz Deutschland –, ja in ganz Europa. Gewachsen nicht nur mit unserer Wirtschaftskraft, sondern vor allem mit unserer Kraft, Sinn zu entdecken, zu entdecken, wofür es sich zu leben lohnt.

Die Deutschen werden die Wende nur dann verstehen und bestehen, wenn sie nicht schnell darüber hinweggehen, sondern die Ereignisse im Rückspiegel einholen und im Auge behalten. Dazu fordert uns eine

Wende in einem Volk, in einem größer werdenden Europa *und* auch in einer einmaligen menschlichen Lebensgeschichte heraus. Wir haben die politische Wende – das sage ich als Mitbetroffener – nicht Politikern zu verdanken, die sie am Reißbrett, in irgendeinem Büro, in ihren Amtsstuben vorgezeichnet haben, – keiner, niemand hat es gewußt und geahnt, wenn auch erhofft. Wir haben die Wende in unserem Land ganz konkreten Menschen mit ihren Vorerfahrungen zu verdanken, die ihr Leben eingesetzt haben mit erhobenem Haupt und in der Not großgewordener Sehnsucht, die mit Kerzen in den Händen auf die Straße gegangen sind. Freiheit beginnt, wo Menschen der Unfreiheit standhalten. Es ist eine Krise des ganzen Volkes. Eine Epoche stirbt, eine neue beginnt.

Und auch das Allzumenschliche fordert sein Recht: Menschen suchen nach Schuldigen und nach Entschuldigung – und sind in Gefahr, ihre Selbstannahme zu versäumen, in der neuer Sinn – verändertes Leben – gefunden werden kann.

Mit einer Gesprächsbegegnung eines Schülers mit seinem Rabbi möchte ich diese Gedanken nach-denklich ausklingen lassen:

*Ein junger Mann kommt zu einem Rabbi mit der Frage: „Was kann ich tun, um die Welt zu retten?"
Der Weise antwortete: „So viel, wie du dazu beitragen kannst, daß morgens die Sonne aufgeht."*

„Aber was nützen dann all meine Gebete und meine guten Taten, mein ganzes Engagement?" fragt der junge Mann.

Darauf der Weise: „Sie helfen dir, wach zu sein, wenn die Sonne aufgeht."[19]

7

Kommunikation in Vielfalt

Wenn der Tod an die Tür klopft, kündigt sich nicht eine irrationale Wirklichkeit an, sondern – nach vielen anderen, einschneidenden – der letzte Lebensabschnitt, der letzte Teil der Herausforderungen des Lebens. Wie zuvor ist auch jetzt der ganze Mensch betroffen: mit seinen Hoffnungen und Ängsten, mit all seinen Empfindungen, seiner Stimme und Leiblichkeit, betroffen auch – und dies vielleicht nach langer Zeit ganz neu und elementar – mit seinem spirituellen Suchen und Tasten. Wie zuvor – als es in früheren Lebensphasen um Schritte ging, hinter die es kein Zurück mehr gibt – ist der dem Sterben nahe Mensch in seiner ganzen Existenz, in seiner ganzen existentiellen Kraft gerufen, die aber gerade jetzt angeschlagen ist, in Widerstand geht oder in ein dunkles Loch der Depression, – so sinnlos dies auch ist; denn es gibt keinen Weg am Tod vorbei. Wann läge es näher als jetzt, daß der Gerufene bei diesem letzten Schritt der Begleitung bedarf? Erinnern wir uns noch einmal: Die meisten Menschen sterben nicht zu Haus, sondern in sozialen Einrichtungen. Die professionellen Bezugspersonen sind jedoch häufig überlastet und dieser anstehenden Aufgabe nicht gewachsen.

7.1
Hilfe für überforderte Helfer

Begleitung eines Sterbenden ist für den professionellen Helfer oft schwer, vielleicht unmöglich. Warum? Sterbebegleitung schließt immer mit ein: Hier begegne ich – im Vorhinein – immer wieder auch meinem eigenen Sterben, meiner eigenen Identität, meinem eigenen Weg auf ein Ziel zu, an dem ich mich todsicher nicht vorbeischleichen kann. Darauf sind die wenigsten professionellen Helfer – ob Pfleger, Krankenschwestern oder Ärzte – vorbereitet, ist doch all ihre Kunst, all ihr Tun auf das Gegenteil gerichtet: auf Gesundung und Heilung. Und Sterbebegleitung läßt sich nicht so lernen, wie ich lernen kann, eine Infusion zu setzen oder ein Herz zu transplantieren. Einem Sterbenden beizustehen ruft nach dem Menschen, nach seinem Weg mit sich selbst, nach seinem inneren Weg des eigenen Wachsens und Reifens. Hier und kaum anders wird er finden, wessen es bedarf, um Sterbenden Begleiter, Gefährte, Freund zu sein. Folgen wir nun dieser Spur.

(1) Da braucht es beispielsweise das *Bekenntnis* zu einem anderen Menschen, d. h. für mich gibt es keine „Fälle", keine „aus-therapierten Menschen". Für mich ist dieser konkrete Mensch in gewisser Weise ein menschliches Du, das den Weg des Lebens, der auch mein Weg ist, vorausgeht. Sein Lebensweg kreuzt den meinen. Bekenntnis meint dann, daß ich diesem Menschen an meinem Weg nicht ausweiche, daß ich mich nicht sachlich distanziert zurückziehe in meine berufliche Rolle.

(2) Begegnung mit einem sterbenden Menschen braucht zudem, daß ich diese *Herausforderung annehme*, die Teil meines Lebens, meines Alltags ist.

Die Herausforderung, mich auf diesen ganz konkreten Menschen, den ich mir nicht ausgesucht habe, wirklich einzulassen, mich von ihm berühren, auch in meinem Menschsein ansprechen zu lassen. Zu ihm und zu mir gehören Vergangenheit, Verdrängtes, Vergessenes, vielleicht auch Schuldgeschichten und Nichtangenommenes, Nichtgelebtes. In einem Sterbenden begegne ich immer auch mir selbst.

Die Herausforderung hat noch ein anderes Gesicht: Eine schwere, vor allem eine unheilbare Krankheit wirft jeden Menschen aus seinem Gleichgewicht, jede Orientierung geht verloren, nichts ist wichtiger, als wieder einen Halt zu finden. Und das macht die Begegnung mit ihm häufig äußerst schwer. Der Kranke hat an alles und alle um ihn herum hohe, extrem hohe Erwartungen. Mehr noch dann, wenn er ahnt und hört, daß es zum Sterben geht. „Ein hoffnungsloser Fall" – diese schlimme, unmenschlich formulierte Diagnose ist Ausdruck dafür, daß die Herausforderung zur Sterbebegleitung nicht angenommen wurde. Wer ist hier ohne Hoffnung? Wohl der, für den Sterben und Sterbende Störfälle sind im System der Heilung und Gesundung.

Ganzheitliche, menschliche Heilung kann nicht nur die Wiederherstellung der körperlichen Funktionsfähigkeit im Blick haben. Sie schließt immer auch die Gesundung, das Heil der Seele mit ein, wenn ein Mensch zum Sterben kommt. Da gibt es keinen einzigen hoffnungslosen Fall.

(3) Dieser ganzheitliche Blick stellt sich dann auch der schwersten Frage des letzten Lebensschritts: der *Suche nach dem Sinn des Sterbens* und des je konkreten Lebens. In der Sterbebegleitung geht dieses Suchen immer in zwei Richtungen: in die des unmittelbar Betroffenen und in die meine, d. h. in die des Mitbetroffenen, der sich berühren läßt.

„Ich bin am Ende", sagt mir der Kranke. „Mein Leben ist nur noch verletzlich. Mein Leben ist nicht nur angeschlagen, sondern zu Ende. Was war das nun alles, was ich und wie ich gelebt habe? War nicht alles umsonst?" Wie kann ich hier helfen, begleiten, wenn ich mir selber keine Fragen stelle, mein Leben nicht reflektiere, wenn ich mich von eigenen Erschütterungen nicht wirklich berühren, betreffen lasse, dem nie nachspüre, ob das, was ich lebe, auch das ist, was ich leben möchte, oder: wenn ich danach lebe, daß die Welt mir immer noch etwas schuldig ist – und ich daher nicht dazu komme, mich selbst zu bejahen, mein Leben zu lieben?

Ich lerne von einem Kranken: „Wenn ich morgens aufwache, sage ich mir: Heute füllst du diesen Tag aus, lebst, denn du weißt nicht, was morgen ist." Leben aus der Begegnung mit mir selbst: Sie ist wie eine Brücke – zu mir und dann auch zum Du: Ich entdecke auch in mir Spuren, Phasen, Erfahrungen wie Sterbegefühle: einsam, hilflos, isoliert. Hier liegen die Fundamente einer Brücke zueinander, die Wurzeln des Verstehens, der angstfreien Zuwendung, wenn ein Sterbender keinen Sinn mehr sieht und noch keine neuen Sinnspuren erkennen kann.

(4) Zur Begegnung mit einem Sterbenden gehört natürlich auch die *endgültige Grenzerfahrung*. Das heißt, als Begleiter spüre ich, daß sich hier etwas ereignet, was meinen unmittelbaren Erfahrungsbereich überschreitet. Diese Grenze muß der Sterbende im entscheidenden Augenblick allein überschreiten. Jedoch kann der Begleiter – und dies ist die Hoffnung des Sterbenden – bis zum Grenzüberschritt mitgehen. Damit dies und der große Abschied gelingt, bedarf es von seiten des Begleiters der Treue, und aus seiner Treue und Zuverlässigkeit kann eine Hoffnung erwachsen, die etwas ganz anderes ist als Erwartung: eine Hoffnung, die aus der Treue zum Gespräch lebt, aus der Wahrhaftigkeit, der Güte und Zärtlichkeit der Begegnung, aus

der mehr und mehr gelassenen, friedvollen Rückschau in die Lebensgeschichte des Sterbenden. Hieraus erwächst eine *erlösende Hoffnung*, die das Leben von Geburt bis Sterben übersteigt.

Erlösende Hoffnung – auf etwas hin, was noch kein Mensch gesehen, gehört, erspürt hat, wohl aber erhofft, ersehnt. Diese Sehnsucht, der Motor der letzten, erlösenden Hoffnung – wie oft bin ich ihr begegnet, wie oft habe ich von ihr gehört. So auch in der Erinnerung eines Missionars, dem es sehr schwer fiel, das Wort Hoffnung in die Sprache der Einheimischen zu übersetzen: Ihn habe einmal das Sterben eines jungen Menschen zu Tränen gerührt, und ein einheimisches Kind habe ihn ganz erstaunt gefragt: „Warum weinst du? Ich denke, du weißt, was hinter dem Horizont kommt?"

Ich denke, du weißt ... Da ist ein Wissens, und da braucht es angesichts des Todes immer wieder das – hier und jetzt ganz neue – Entdecken jener erlösenden Hoffnung auf das hin, „was hinter dem Horizont kommt". Entdecken, in Behutsamkeit, im Schweigen auch und in der Treue des Aushaltens, daß der Augenblick der Endgültigkeit immer näher rückt. Menschliche Nähe und Echtheit sind Quellen einer Hoffnung, die jeden Menschen erreicht: „Vielleicht ist da doch etwas, was auf mich wartet."

(5) Menschen, die sterbenskrank sind, lösen bei ihren Angehörigen aber immer auch wieder Ohnmachtsgefühle und Hilflosigkeit aus, innere und äußere Flucht. Dem Sterben zu begegnen ist auch für begleitende Menschen provozierend und ängstigend. Notwendig sind *Aufmerksamkeit und ganzheitliche Wahrnehmung, ungeteilte Zuwendung*. Doch gerade dies kann äußerst schwer sein, wenn der Schmerz des kommenden Verlustes größer wird als die Kraft. Auch dieser Schmerz braucht Raum, um wieder zurückzukehren in die Nähe zum Sterbenden, der Nähe und Verstehen

braucht, gerade dann, wenn die Worte immer weniger werden und die Sprache eines Sterbenden nicht mehr die eines Lebenden ist:

✦ Bleib, bleib bei mir.
✦ Ich brauche dich, ich habe Angst.
✦ Ich möchte noch etwas loswerden.
✦ Ich mache mir Sorgen um dich, um euch.
✦ Ich sehe deine Tränen.
✦ Ich kann kaum noch wahrnehmen, aber fühlen kann ich dich.
✦ Ich spüre, wie sich verändert, was früher für mich wichtig war.
✦ Ich bitte dich: Sprich mit mir, hör mir zu.

Ein Mensch in seinem letzten Lebensabschnitt kommuniziert über seine ganze Sinnhaftigkeit. Es gibt eine eigene Sprache des Sterbenden. Tiefere, verborgene Schichten der Lebenswirklichkeit möchten nun durch Symbole, wie mit einem Schlüssel aufgeschlossen werden. Symbole in mehrere Richtungen: als Brücke, als Schutz, als Bilder meines Lebens, meines Glaubens, meiner Hoffnung, meines Sinns. – Dem will ich im folgenden nachgehen.

7.2
Botschaft aus guten Worten

(1) Ein Märchen zum Beispiel hat für mich eine tiefe Verbundenheit zu Patienten ermöglicht: „Schenk mir deine Augen." Hier treffe ich auf die Botschaft, wie wichtig eigene Leid-Erfahrung ist.

„In einem fernen Land lebte in einem prächtigen Schloß ein König mit seiner jungen Frau. Sie hatten erst Hochzeit gehalten und liebten sich von Herzen. Sie hatten lange aufeinander warten und viele Prü-

fungen bestehen müssen, denn die Königin war zwar klug und schön, aber Findelkind. Auch jetzt, in diesem Glück vergaß sie diese Zeit nicht. Sie hatte ein offenes Herz für alle junge Menschen, die sich liebten und nicht zusammenkommen konnten. Im ganzen Land wußte man, daß die Königin jedem Paar die notwendige Hilfe zuteil werden ließ, wenn es sich nur wirklich liebte.

So vergingen sieben Jahre. Der König und das ganze Land warteten, daß die Königin ein Kind zur Welt bringen würde. Am meisten sehnte sich die junge Frau selbst danach. Wenn sich in einer armen Familie die Schar der Kinder mehrte, so bedurfte es nur einer kleinen Bitte, und von der Königin kamen reiche Gaben. Auch manches Mädchen fand bei ihr Hilfe und Schutz, das keinen Vater für sein Kind hatte und sich vor den Eltern fürchtete. Die Königin wurde immer stiller, und auch ihr Gemahl fragte sich, ob er recht getan hatte mit seiner Wahl oder ob vielleicht ein Fluch auf seiner jungen Frau liege. In ihrer Not verließ sie eines Nachts in schlichtem Gewand das Schloß. Niemand wußte, wohin sie ging.

Nach einem langen Weg klopfte die Königin an die Hütte einer alten Frau. Sie galt als heilkundig für Leib und Seele. Vielen hatte sie schon die Gesundheit wiedergegeben oder ihnen Rat und Hilfe in ihrem Herzeleid geschenkt. Die Königin trat bei ihr ein, weinte bitterlich und fragte, ob denn ihr Schoß wirklich verschlossen sei. Die Alte hörte sie an, gab ihr dann einen Trank und sagte: ‚Bleibe die Nacht über hier. Morgen wirst du Antwort erhalten.‘ Ein tiefer Schlaf fiel über die junge Frau. Da war ihr, als ob aus ihrem Leib ein Rosenstrauch emporwachse. Er trieb drei Rosen. Eine rote, eine gelbe und eine weiße, deren Blätter sich über das ganze Land verstreuten. Als die Rosen verblühten, zerriß ein tiefer Schmerz die Königin und erfüllte sie zugleich mit großer Freude. Am nächsten Morgen erwachte die Königin mit Tränen, doch

111

seltsam getröstet. *Die alte Frau sagte zu ihr: ‚Nun weißt du die Antwort selbst. Drei Kinder wirst du haben. Sie werden dir Freude und Schmerz bringen. Doch beantworte mir noch eine Frage: Sollen deine Kinder heil sein und Wunden schlagen? Oder Wunden tragen und sie zu heilen verstehen?'*

Vor dem geistigen Auge der jungen Königin erschienen blutende Kinderhände. Rasch rief sie: ‚Heil soll mein Kind sein!' Den zweiten Teil der Frage hatte sie gar nicht gehört. Ernst schaute die Alte sie an und fragte sie nochmals dasselbe. Wieder antwortete die Königin: ‚Heil soll mein Kind sein.' Doch dann verstummte sie. Ihr eigenes Leben tauchte vor ihr auf: Wie sie verstehend und barmherzig geworden war für die Not der Menschen, weil sie selbst Schweres getragen hatte. Da sagte sie leise und entschieden, als die Frau ein drittes Mal fragte: ‚Mein Kind soll Wunden heilen können, auch wenn es Wunden tragen muß.' Die Alte legte der jungen Frau die Hände auf die Schulter und sagte: ‚Geh nun, Königin. Denke daran, du selbst hast für deine Kinder gewählt.'

Der Mond rundete sich zweimal. Da spürte die Königin, daß sie Mutter werden sollte. Ein Aufatmen ging durch das Schloß, durch das ganze Land. Als das Kind geboren war, suchte die Königin angstvoll nach einer Versehrung. Doch es war ein kräftiger Knabe, mit braunen Locken wie ihr Gemahl und auch sonst sein Ebenbild. Übers Jahr lag wieder ein Kind in ihren Armen. Es trug die schwarzen Haare der Bewohner des Landes. Ihr Blick konnte keine Verletzungen an ihm erkennen. So vergaß sie die wunderlichen Worte der alten Frau. Als ihr drittes Kind zur Welt kam, war es schön und goldhaarig wie sie selbst.

Viele Jahre vergingen. Da kam eine Seuche über die Kinder des Landes. Manche verloren das Augenlicht oder das Gehör, andere wurden mißgestaltet oder starben. Auch der jüngste Sohn des Königs wurde von der Krankheit erfaßt. Die besten Ärzte des Lan-

112

des vermochten ihn schließlich zu heilen, ohne daß er Augenlicht und Gehör verlor, doch er wurde ein zartes, stilles Kind.

Der älteste Sohn des Königs wuchs zu einem tapferen, jungen Ritter heran. Er liebte das wilde Reiten, die Jagd, die Kriegsspiele mit seinen Altersgenossen, die er bald übertraf an Geschicklichkeit und Kraft. Er war die Freude seines Vaters, der in ihm den zukünftigen Kriegsmann und Verteidiger des Landes sah.

Der zweite Sohn setzte bald seine Lehrer in Erstaunen, so rasch beantwortete er die Fragen, die sie ihm stellten. Mühelos lernte er, was ein zukünftiger Landesherr wissen mußte. Er würde ein weiser und gerechter Herrscher werden, dachte der König und blickte voll Stolz auf seine beiden Söhne. Der Jüngste hätte gern wie sein älterer im Spiel und Wettkampf seine Kräfte erprobt und den Sieg davongetragen. Doch war er rasch müde, und die feurigen Pferde erschreckten ihn. Stets war er der Unterlegene, wenn er sich mit seinen Gefährten maß. Sein Bruder lachte dann und spottete über den ungeschickten, ängstlichen, kleinen Bruder. Auch er wurde in der Weisheit des Landes unterwiesen, in alle Kenntnisse seines Standes eingeführt. Aber er fand die Antworten nur langsam, stets waren sie schon von anderen erfolgt, bis sie auf seine Lippen kamen. Er saß viele Stunden über den Büchern und erlernte doch nicht, was seinen älteren Brüdern mühelos zufiel. Manchmal suchte er Trost bei der Mutter, die ihn sehr liebte. Oft aber stand er auf dem Turm des Schlosses und schaute traurig ins Land hinaus. Er wußte nicht, was aus ihm werden sollte.

Eines Nachts verließ er heimlich das väterliche Schloß. Der Knabe wanderte lange und kam schließlich in ein anderes Land. Er nahm sich vor: Wen ich treffe und wer mir sein Gesicht zuwendet, den werde ich um Rat fragen. Da sah er einen blinden Bettler am Wegrand. Er schaute den Schritten entgegen, die sich ihm näherten. Der Knabe setzte sich zu ihm und fragte: ‚Kannst du mir sagen, was ich tun soll? Ich bin nicht stark und tapfer, wie mein Bruder, nicht klug und weise wie mein anderer Bruder.' Der alte Mann blickte ihn lange an. Er sah nicht mehr gut mit den Augen des Leibes, aber um so besser mit den Augen des Herzens. Er kannte die Menschen und ihre Not, denn er hatte selbst viel Leid ertragen. Das hatte ihn verstehend und weise gemacht. Er gab zur Antwort: ‚Schenk mir deine Augen, kleiner Bruder, ich gebe dir dafür die meinen. Dann wirst du erkennen, welchen Schatz du in dir trägst.' Angst wollte den Knaben überkommen. Er wich zurück. Doch dann faßte er Vertrauen zu dem Alten, der ihn gütig und lächelnd ansah. Er willigte ein. Es wurde dunkel um ihn. Er fiel in tiefen Schlaf. Als er wieder erwachte, sah er und sah doch nicht. Der alte Mann mußte ihn führen. An seiner Hand und mit seinen Augen lernte der Knabe neu sehen. Sie kamen durch Dörfer und Städte, halfen hier und dort, was es zu tun gab, blieben eine Weile und wanderten weiter. Von den Bewohnern lernte er die Sprache, von dem Alten Körbe und Matten flechten, die sie verkauften und gegen das Lebensnotwendige eintauschten.

So wuchs der Knabe zu einem jungen Mann heran. Er lernte die Mühsal der Arbeit und die Freude des gelungenen Werkes kennen. Er vergaß sein väterliches Schloß und was ihn fortgetrieben hatte. Mit neuen Augen sah er Kranke auf ihren Lagern, Menschen mit verstümmelten Gliedern und Kinder, die auf den Straßen herumlungerten. Der Alte wußte um die Heilkraft der Pflanzen und half, wo er hinkam. Auch dies lernte sein Gefährte von ihm. In einem Dorf gab es viele junge Leute, die einst an derselben Seuche erkrankt waren wie der Königssohn. Sie hatten keine Ärzte gefunden, waren blind geworden oder taub. Da erinnerte sich der junge Mann seiner Kindheit und was er selbst einst gelernt hatte. Er lehrte die Tauben lesen und schreiben. Den Blinden spielte er auf einer Flöte vor, die er sich geschnitzt hatte, denn auch die Musik hatte einst zu seiner Ausbildung gehört. Viele gewannen Freude daran und versuchten es selbst. An andere gab er die Handfertigkeiten weiter, die er in seinem Wanderleben erlernt hatte.

Eines Abends nahm der alte Mann Abschied von ihm. Er mahnte den Königssohn zur Rückkehr in sein Land: ,Du kennst nun den Schatz deines Lebens. Du bist vertraut geworden mit den Herzen der Menschen. Du verstehst, was sie im tiefsten bewegt.' Am anderen Morgen war er nicht mehr da. Zuerst suchte ihn der junge Mann überall. Doch dann tröstete er sich und machte sich auf den Rückweg. Es war weit, bis er wieder in die Nähe seines Heimatlandes kam. Dort waren Kriegswirren ausgebrochen. Das Heer des Königs hatte eine Niederlage erlitten. Es hieß, der älteste Sohn des Herrschers sei gefallen, der zweite in Gefangenschaft geraten. Der junge Wanderer stand manchem Verwundeten bei und schloß den Toten die Augen. In einem Wald fand er blutend und dem Tode nah einen Ritter, der sich mit letzter Kraft hierher geschleppt hatte. Er erkannte in ihm seinen ältesten Bruder und pflegte ihn, bis er wieder zu Kräften kam. Dann machten sie sich gemeinsam auf den Weg. Da begegnete ihnen ein Zug mit einem Gefangenen. Es war der zweite der Brüder, der mit Klugheit und List Verhandlungen mit den Gegnern geführt und sich dabei jedoch in Widersprüche verwickelt hatte. Der Jüngste war auf seinen Wanderungen auch bei diesem Volk gewesen und hatte seine Sprache erlernt. Er vermochte die Sache aufzuklären, so daß man dem Gefangenen Glauben schenkte und ihn freiließ.

Nun gab er sich seinen Brüdern zu erkennen, die staunend erfuhren, daß ihr Retter der verschollene jüngste Bruder war, auf dessen Heimkehr nur noch *die Mutter gehofft hatte. Die drei Brüder fielen sich vor Freude in die Arme. Sie kehrten in das väterliche Schloß zurück. Dort übergab ihnen der alte König die Herrschaft. Gemeinsam regierten sie viele Jahre das Land mit Kraft, Klugheit und Barmherzigkeit."*

Der Weg und die Früchte eigener Leiderfahrung sind Kraft, Klugheit und Barmherzigkeit: Pfeiler einer Brücke, die Menschen mit Menschen verbindet.

Kraft zum Aushalten, zum Schweigen, zum Mittragen. Klugheit, die mit den Augen des Herzens sieht, was notwendig ist, was die Stunde schlägt und bereithält, oder: was nicht möglich ist, was ich durchleben, was ich aushalten muß. Barmherzigkeit – die Gabe der Liebe, die einem anderen Menschen Nähe schenkt und ihm zu zeigen vermag, wie und wo er seine Quelle zur Selbsthilfe und zum Frieden mit sich selbst finden kann.

(2) Nun aus den Aufzeichnungen eines Mannes, dem ich über Jahre Begleiter war. Er fand die Kraft und den Weg, sich und sein Leben anzunehmen und es bis zuletzt intensiv mit Sinn zu füllen:

„Ich muß ins Krankenhaus. Es ist für mich das erste Mal. Eine ganz neue Umgebung: das Haus, die Station, das Zimmer, das Bett. Die Ärzte, die Schwestern, die Pfleger, meine Zimmerkollegen. Ich muß mich erst eingewöhnen. Hoffentlich mache ich nichts falsch und verärgere dadurch die anderen. Ich möchte nicht auffallen. Ich hoffe, daß es nicht lange dauert, und vor allem, daß mir geholfen werden kann. Ich bin zuversichtlich.

Tagesablauf: Wecken, Fiebermessen, Pulsen. Ein neuer Tag hat begonnen. Der Zimmerälteste bestimmt die Reihenfolge am Waschbecken. Frühstück. Gleich ist Visite. Wird es Neuigkeiten geben? Das Zimmer wird geputzt und gewischt. Mittagessen. An-

schließend schlafen. So vergeht die Zeit. Zum Kaffee-trinken werde ich wieder geweckt. Jetzt beginnt die Zeit des Wartens. Bald ist Besuchszeit. Wer wird kommen? Diese Minuten vergehen wie im Fluge. Abendbrot. Ich nehme ein Buch zur Hand. Die Zeit scheint stehenzubleiben. Ich möchte einschlafen, aber Gedanken, die mir durch den Kopf gehen, hindern mich jeden Abend daran.

Untersuchungen: *Blutabnahme, EKG, Ultraschall, Röntgen. Für Ärzte, Schwestern und Pfleger stehen diese Untersuchungen tagtäglich auf dem Programm. Es ist für sie Routine geworden. Für mich ist alles neu. Vielleicht warte ich aus diesem Grund darauf, daß man mir die Ergebnisse mitteilt. Doch ich erfahre nichts. Ich mache mir selbst Mut und rede mir ein, daß alles in Ordnung ist. Verlange ich wirklich zu viel, wenn ich darauf warte, daß jemand kommt und sagt: Das Blutbild ist gut; das EKG zeigt nichts Anor-males; beim Ultraschall deutet nichts auf eine Er-krankung hin, die Röntgenaufnahmen zeigen nichts Negatives? Selbstverständlich müßte ich auch nega-tive Ergebnisse akzeptieren. Doch ich warte vergeb-lich.*

Krankheit: *Ich bin krank. Die Diagnose klingt noch in meinen Ohren; sie ist hart und niederschmetternd. Bis jetzt war ich gesund, und das war für mich selbst-verständlich. Krankheit spürt man – Gesundheit nicht. Ich kann keinen klaren Gedanken fassen. Ich bin verzweifelt. Ich möchte, daß mir geholfen wird. Ich habe noch so viel vor. Ich hoffe, daß es Möglich-keiten der Hilfe gibt. Ich versuche, mir nichts vorzu-machen. Ich weiß, daß die nächsten Wochen sehr schwer werden und viel von mir fordern werden. Eine Operation ist unumgänglich. Ich habe Ver-trauen zu den Ärzten, Pflegern und Schwestern. Ich habe hier viele Freunde, aber jetzt bin ich allein.*

Warum? Warum gerade ich? *Wie oft habe ich diese Frage gestellt, ohne eine Antwort zu finden. Dann habe ich die Frage anders formuliert: Warum eigentlich nicht ich? Vielleicht habe ich einem Menschen die Krankheit abgenommen, der nicht in der Lage ist, sie zu ertragen. Ich versuche, mich auf diese Weise wieder aufzurichten. Ich merke, daß mir das mehr hilft, als wenn ich mir eine Frage stelle, auf die niemand eine Antwort weiß. Aber da ist auch schon die nächste Frage: Wie lange reicht meine Kraft, mich auf diese Art zu motivieren?*

Operation: *Ich werde operiert. Der Anästhesist und der Chirurg bereiten mich in Gesprächen darauf vor: ,Sie brauchen keine Angst zu haben!' Können sich andere Menschen wirklich in meine Situation versetzen? Ich glaube nicht. Ich werde von Stunde zu Stunde unruhiger. In der Nacht vor der Operation werde ich mit Hilfe von Tabletten ruhig gestellt. Ich schlafe seit Tagen wieder einmal gut. Bevor ich in den Operationssaal gefahren werde, erhalte ich noch eine Beruhigungsspritze. Jetzt spüre ich ganz deutlich meinen Herzschlag. Im Operationssaal erwartet mich der Anästhesist. Ich merke einen Einstich in meinen linken Arm, dann wird mir eine Maske auf das Gesicht gelegt. Dann merke ich nichts mehr. Ich habe einen wunderbaren Traum. Ich sehe alles ganz deutlich und klar vor mir. Und alles hat einen Sinn. Ich wache wieder auf. Die Operation ist überstanden. Ich habe starke Schmerzen.*

Schmerzen: *Nach Bedarf erhalte ich Spritzen und Tabletten. Ich bekomme reichlich davon, denn ich habe enorme Wundschmerzen. Ich stelle jedoch fest, daß es nicht nur Medikamente sind, die meine Schmerzen lindern. Wenn ich mit jemandem sprechen oder mich an der Hand eines Menschen festhalten kann, auch dann sind die Schmerzen zu ertragen. Ich warte auf Ärzte, Schwestern und Pfleger, die mir Halt ge-*

ben. *Aber ich warte vergeblich. Eine Ärztin bildet die Ausnahme. Sie hat Zeit für mich. Sie nimmt sich diese Zeit. Dafür wird sie von ihren Kollegen belächelt. Müßte man nicht eher über diese Kollegen lächeln – oder weinen? Wenn ich mich äußere, daß es mir nicht gutgeht, erhalte ich sofort Medikamente. Dabei interessiert kaum, was eigentlich die Ursachen der Beschwerden sind. Die Hauptsache ist, ich bin wieder ruhig. Ich merke, wie ich mich von einigen Illusionen verabschiede. Medikamente können helfen – aber sie geben keinen Halt. Trotz der Schmerzen behalte ich etwas Kostbares: die Hoffnung.*

Hoffnung: *Ich habe eine Karte geschenkt bekommen. Immer wieder nehme ich sie zur Hand, um mir den Satz, der darauf geschrieben steht, einzuprägen: ‚Nur durch die Hoffnung bleibt alles bereit, immer wieder neu zu beginnen.‘ In den letzten Tagen war ich doch ziemlich am Boden. Es war sehr viel, was ich in den letzten Wochen verkraften mußte. Aber ich will mich nicht unterkriegen lassen. Ich suche nach Strohhalmen, an denen ich mich festhalten kann. Jetzt halte ich einen solchen Strohhalm in der Hand, diese Karte. Oft wiederhole ich die Worte. Sie machen mir Mut. Aus ihnen schöpfe ich neue Kraft.*

Besuchszeit: *Endlich ist es soweit. Ich bin die Hauptperson, um die sich alles dreht. Ich möchte es gar nicht sein. Man müßte sich ganz normal unterhalten können. In den seltesten Fällen kommt es dazu. Manche glauben, durch Mitleid helfen zu können. Das tut besonders weh. Ich mache niemanden einen Vorwurf, denn ich weiß selbst, wie ich mich als Besucher verhalte. Wir haben es nicht gelernt, mit einem Kranken umzugehen. Trotzdem freue ich mich über jeden Besucher. Ich erfahre Neuigkeiten von zu Haus. Ich sehe vertraute Gesichter. Ich schöpfe neuen Mut. Oft fällt es mir schwer, Tränen zurückzuhalten, wenn ich Besuch habe. Sie gehen gleich wieder nach Hause, aber was wird aus mir? Ich schäme mich keiner Träne, die ich vergieße. Jede hat ihre Berechtigung.*

Entlassung: *Ich darf wieder nach Hause. Ich bin den Menschen dankbar, die mir in diesen Tagen geholfen haben. Innerhalb weniger Wochen habe ich viele neue Menschen kennengelernt, verschieden im Charakter und Temperament. Auch dafür bin ich dankbar. Ich weiß, daß ich mit den Folgen der Operation für immer leben muß. Ich weiß zwar nicht wie lange, aber ich weiß, daß ich es kann. Ich möchte noch intensiver leben als bisher. Zu jedem neuen Tag, den ich erleben darf, sage ich ja. Gut, daß es die Hoffnung gibt."*

Mit dieser Hoffnung lebte er bis zu seinem Tod zu Hause.

Kraft, Klugheit, Barmherzigkeit – das Vermächtnis seiner Worte: für den Umgang mit Patienten, mit anderen Menschen und mit uns selbst.

(3) Von großer Bedeutung auch: Jeder Mensch hat in sich selbst das Unzerstörbare, den Schatz, die Kraft, die kein Leid erreicht. Davon erzählt eine chassidische Geschichte aus dem Jüdischen:

„Eisik, Sohn des Jekels, lebte in Krakow. Ihm war nach Jahren schwerer Not, die sein Gottvertrauen nicht erschüttert hatten, im Traum befohlen worden, in Prag unter der Brücke, die zum Königsschloß führt, nach einem Schatz zu suchen. Als der Traum zum dritten Mal wiederkehrte, machte sich Eisik auf und wanderte nach Prag. Aber an der Brücke standen Tag und Nacht Wachtposten, und er getraute sich nicht zu graben.

Doch kam er jeden Morgen zur Brücke und umkreiste sie bis zum Abend. Endlich fragte ihn der Hauptmann der Wache, der auf sein Treiben aufmerksam geworden war, freundlich, ob er hier etwas suche oder auf jemanden warte. Eisik erzählte von seinem Traum, der ihn aus seinem polnischen Land hier ins Land hergeführt hatte. Der Hauptmann lachte und sagte: ‚Da bist du, armer Kerl, mit deinen zerfetzten Sohlen einem Traum zum Gefallen hergepilgert. Ja, wer den Träumen traut! Da hätte ich mich ja auch auf die Beine machen müssen, als es mir einmal im Traum gesagt wurde, nach Krakow zu wandern und in der Stube eines Eisik, Sohn des Jekels sollte er heißen, unter dem Ofen nach einem Schatz zu graben. Eisik, Sohn des Jekels! Ich kann mir vorstellen, wie ich drüben, wo die eine Hälfte der Juden Eisik und die andere der Juden Jekel heißt, alle Öfen umstoße und aufreiße.'

Eisik verneigte sich, wanderte heim, grub den Schatz aus und lebte mit seiner Frau und mit seiner Familie in Krakow sein Leben."

(4) Kraft, Klugheit und Barmherzigkeit – die in einer Weggefährtenschaft mit einem jungen Menschen vor Jahren für mich erlebbar wurden:

Eine Gemeindehelferin in der Umgebung von Halle informierte mich telefonisch, daß ein junges Mädchen, das, durch eine Lungenkrankheit bedingt, nur mit ständiger Sauerstoffzufuhr leben konnte, aus der lebensnotwendigen Sauerstoffsonde eine Schlinge gemacht und sich um ihren Hals gelegt hatte. Ohne Worte zeigte sie den Eltern und Helfern: Ich kann so nicht mehr leben.

Die Helferin bat um Hilfe. Ich besuchte die Patientin. Wir suchten und fanden einen Weg, der, so nannte sie es später, wie eine Brücke war: Sie fühlte sich in ihrer Enge und Ausweglosigkeit ernstgenommen, gesehen, gehört. Es befreite sie, keine Ratschläge oder Rezepte zu hören, keine frommen, mitleidigen Worte. Wir suchten gemeinsam, was ihren Tagen Auflockerung, Farbe und vielleicht etwas Lebendigkeit geben könnte. Sie war einverstanden und freute sich darauf, daß ich beim nächsten Besuch ein gleichaltriges junges Mädchen mitbrachte. Wir spielten, bastelten und redeten über Gott und die Welt. Bei der dritten und vierten Begegnung kam von beiden die Frage, ob Gott wirklich existiere, ob es Erlösung und Rettung gebe. Wir erlebten miteinander Zweifel und Hoffnung. Und dann schenkten sie mir eine kleine Mappe mit Texten und Fotos, die für sie ein Symbol der Hoffnung waren und sind. Hier kleine Auszüge daraus:

„Das unerwartete Geschenk im Alltag, das kleine Zeichen, das einer an den anderen denkt. Ich bin ausgetrocknet – ohne Leben. Es gedeiht nichts von dem, was ich säe. Ich möchte mir einen fruchtbaren Boden schaffen, auf dem man etwas anpflanzen kann. Herr, hilf, das ich Talent und Fähigkeiten nicht ‚vertrocknen‘ lasse, sondern sie nutze.“

„Leben: Ich schreie nach Leben, nach einem Stück freier Luft, in der ich tief durchatmen und alle Last abwerfen kann. Ich möchte das finden, was mein Leben etwas wert macht. Laufe ich an meiner Aufgabe vorbei, will ich sie nicht sehen? Wehre ich sie ab? Herr, hilf mir, mein Leben anzunehmen, wie es ist. Ich will es so nicht akzeptieren, hilf mir.“ -

Auf einer der Seiten sehe ich einen Sicherheitsschlüssel mit folgendem Text:

„Laßt mich in Ruhe! Ich schließe mich ein, sperre mich aus vom Leben. Ich will den Hoffnungskeim ersticken. Ruhe.“ -

Oder: „Ich öffne mich, mein Herz, meine Tür, geh auf Menschen, den Lärm, den Schmerz und die Freude des Alltags zu. Leben. Herr, hilf, daß Schlüssel nicht ver-, sondern aufschließen. Wenn wir uns öffnen, können wir vielleicht andere Menschen erreichen.“ -

„Wo finde ich den Boden, der mich wachsen läßt? Der meine Wurzeln stärkt und mich feststehen läßt? Herr, ich suche, ihn zu finden, vielleicht ihn nie zu finden?"

„Der Tag fängt mit dem Morgen an. Was ist der erste Gedanke im Erwachen? Uhrzeit – Traum – Erinnerung an gestern? Die Nacht ist wie ein Komma. Der unvollendete Satz von gestern wartet auf Fortsetzung heute. Wir schreiben daran mit unseren Gedanken, mit unseren Worten, mit unserem Tun, mit den Entscheidungen eines neuen Tages. Herr, gib einen guten Tag." -

„Jeden Tag eine neue Blüte, neue Hoffnung. Jeden Tag ein kleiner Schmerz, wenn etwas verblüht. Herr, laß uns die Blüten sehen, die uns auch im grauen Alltag erwarten."

Gedanken und Bilder von zwei jungen Menschen auf ihrem Weg. Besonders dicht erlebten wir Gottesdienste im Krankenzimmer. In einem solchen haben wir eine Geschichte vom Maulwurf gehört:

„Es war einmal ein kleiner grauer Spatz, der einem Maulwurf begegnete. Müde vom Fliegen und Zwitschern rastete er neben einem dunkeln Erdhügel, der in der Dämmerung die Konturen einer Ruine hatte. Aus diesem ragte eine lange traurige Nase heraus, die eigenartige schnupfende Geräusche von sich gab. ,He, Nase', zwitscherte der Spatz, ,zu wem gehörst du?' Die Nase zitterte erschrocken, und das Schnupfen verstummte. Der Spatz scharrte ein wenig Erde beiseite und entdeckte einen zusammengekauerten Maulwurf, der ihn aus feuchten Knopfaugen mißtrauisch anblickte. ,Na, du bist mir einer', plapperte der Spatz lachend. ,Hockst hier halb vergraben in der Erde, anstatt dich im Gras zu kugeln und am Wind deine Nase zu wetzen.' Der Maulwurf schaute noch ein wenig düsterer drein. ,Ich kugle mich nie im Gras', brummte er unwillig. ,Dazu bin ich viel zu traurig.'

Der kleine Spatz scharrte noch ein wenig mehr, um dieses Wesen, das ihn noch nicht einmal angelächelt hatte, näher in Augenschein zu nehmen. ‚Was ist das, Traurigsein?‘ Dieses Wort hatte er noch nie gehört. Der Maulwurf buddelte mit seinen Schaufelpfoten wieder ein wenig Erde um sich, weil ihn dieses Nacktsein ängstigte. Komische Frage, dachte er verwirrt. Traurigsein, das war doch alles, was er überhaupt so spürte. Das war dunkel und warm und feucht. Ja und schwer, schwer war es auch. So schwer, daß es ihn immer wieder in die Erde drückte.

‚Traurigsein heißt, die Augen schließen und sich verstecken‘, erklärte er zögernd. ‚Aber dann siehst du doch nichts‘, zwitscherte der Spatz aufgeregt. ‚Keine Bäume, keine Sonne, kein Gras, keine Blumen.‘ Ja, und dich kann auch niemand sehen.‘ ‚Mich will niemand sehen‘, sagte der Maulwurf ganz schnell und kroch noch ein wenig tiefer in sein Erdreich fort. ‚Ich bin häßlich und habe auch sonst nichts Besonderes an mir, was zu sehen sich lohnt.‘ Dabei verbarg er seine Schaufelhände und senkte tief seine lange Nase, als ob er sich verstecken wollte.

Der Spatz lachte auf. ‚Na, weißt du, als wenn es auf Schönheit ankäme. Sieh nur, ich bin klein, grau und unscheinbar, trotzdem nehme ich mir das, was mir zusteht. Ich kann fliegen, also fliege ich. Nicht sehr elegant, aber mir macht es Freude. Singen kann ich auch nicht, aber wenn ich fröhlich bin, tschilpe und kreische und piepse ich, damit jeder, der mag, an meiner Fröhlichkeit teilhaben kann. Es ist wundervoll, Freude zu teilen.‘

Der Maulwurf war sehr nachdenklich geworden. Seine Traurigkeit, die trug er ganz allein tief unter der Erde, im Labyrinth seiner selbstgegrabenen Wege. Oft schon hatte er sich im Kreis gedreht, weil es ja dort unten überall gleich grau und düster aussah, und wenn die Traurigkeit ganz weh tat, bäumte er sich kurz auf, und oben sah man nichts als den tränenfeuchten Erdhaufen, Ruinen der Verzweiflung. Der Maulwurf ließ mutlos die Nase hängen und hatte gar nicht bemerkt, daß der Spatz ihn verlassen hatte. Aber der Spatz kam wieder und ließ aus seinem Schnabel etwas in die Pfote des Maulwurfs fallen. ‚Hier sagte er, für das, was du in dir hast. Mach etwas daraus!‘ Dann flog er davon.

Verwirrt schaute der Maulwurf auf das Ding, das da in seiner linken Vorderpfote lag. Ein Korn war es, ein kleines, braunes Samenkorn. Ratlos und ein bißchen unbeholfen ließ er es von einer Pfote in die andere kullern. Was hatte der Spatz nur damit sagen wollen? Neugierig schnupperte er daran, nur, das gab ihm auch keinen Aufschluß. Da legte der Maulwurf das Samenkorn vorsichtig in eine kleine Erdmulde und seufzte abgrundtief. Der Spatz hat es sicherlich gut gemeint mit seiner geheimnisvollen Botschaft, und er, er war wieder unfähig, überhaupt nur zu verstehen. Am liebsten hätte er sich jetzt ganz tief in die Erde gewühlt, daß nur ja niemand Zeuge seiner Ratlosigkeit und Verzweiflung werde. Aber irgendwie fühlte er sich jetzt für dieses Korn verantwortlich, das da so schutzlos lag. Wartete es? Vielleicht sollte er etwas sagen, aber er wußte nicht, wie man mit kleinen Samenkörnern redete. In der langen Zeit des Schweigens hatte zu viel Angst und Einsamkeit ihr Moos angesetzt und seine Gefühle gefangengehalten. Aber da waren noch die Tränen, die jetzt unaufhaltsam aus ihrem Gefängnis drängten, und sie sprachen auch ohne Worte vom Schmerz des Maulwurfs. Und da geschah es: Das Samenkorn öffnete sich unter den Tränen und streckte viele kleine Wurzeln nach dem Maulwurf aus, um ihn zu streicheln, ihn zu trösten. Gleichzeitig wurden über der Erde Stimmen laut, fröhliche und lachende Stimmen. Eine davon gehörte zum grauen Spatz, der da rief: ‚Maulwurf, komm heraus aus deiner dunklen Höhle, komm zu uns und schau, was du bewirkt hast!‘

125

Der Maulwurf, der vor Schreck aufgehört hatte zu weinen, hielt ganz still. Doch die Stimmen gaben keine Ruhe. Und weil sie wirklich sehr freundlich waren, schaufelte sich der Maulwurf zaghaft den Weg ins Licht. Verwirrt blinzelte er, weil die ständige Dunkelheit seine Augen schwach gemacht hatte. Aber dann fand er, was der Spatz ihm hatte zeigen wollen: Eine wunderschöne leuchtend rote Blume wuchs geradewegs aus seinem Erdhügel heraus. Das Samenkorn, seine Tränen, die Wurzeln – und jetzt. Der Maulwurf verstand. Und als er bemerkte, daß rundherum noch Vögel, Hasen, Enten und Mäuse herumtanzten, zu ihm sprachen, ihn bei seinen Schaufelhänden faßten und sich mit ihm freuten, verstand er noch viel mehr. Mit seinem Lachen bröckelte die Mauer der Einsamkeit um ihn ab. Seine Worte fanden Platz zum Atmen und Wachsen. Und die Freundschaft und Freundlichkeit der anderen webten ein Netz der Geborgenheit um ihn, wie es sein dunkler Zufluchtsort im Erdlabyrinth nicht annähernd vermocht hätte."

Anhand dieser Geschichte und des Evangeliums der Emmausjünger entstanden viele Symbole für Gemeinschaft und Hoffnung: Hände, Samenkorn, Blume, Eheringe, Wasserquelle, Stein, Weg, Sonne, Brot, Regenbogen. Wir trugen diese Symbole auf drei Kerzen mit Farbwachs auf. Jeden Abend um 21 Uhr zündeten wir sie an. Es waren für uns Zeichen der Verbundenheit und Hoffnung. – Das junge Mädchen starb friedvoll in ihrem Zimmer zu Hause, und wir, die sie begleitet hatten, sahen die gemeinsamen Zeichen der Hoffnung und Geborgenheit – für ihre Beerdigung und für unsere Trauer. Dieser Weg jenseits der Einsamkeit brachte Licht für ihre Familie und für uns.

7.3

Botschaft aus Bildern

Drei Bilder möchte ich vorstellen. Bilder können Spiegel des Innern eines Menschen sein, – eine Möglichkeit der Kommunikation, der Entlastung, der Begegnung. Sie stammen von einer Patientin und einem Kind. Das Kinderbild ist in einer Religionsunterrichtsstunde entstanden. Ich hatte den Kindern von einem gleichaltrigem Jungen erzählt, der nach einer Operation die Pfingsttage auf einer Intensivstation liegen mußte. Ich bat die Kinder, für diesen Jungen eine Pfingstpredigt zu malen.

(1) Bild der Patientin

Eine Frau gab mir ein von ihr gemaltes Bild vor ihrer Operation. Aus unseren Gesprächen wußte ich, daß sie künstlerisch tätig war. Sie hatte zwei Kinder und lebte geschieden. Die bevorstehende Operation ängstigte sie sehr. Unsere Begegnungen konnten nicht immer ein Zwiegespräch sein, sondern – durch die Anwesenheit von Mitpatienten im gleichen Zimmer bedingt – waren es oft auch Gruppengespräche. Wohl aus diesem Grund kam diese Frau dazu, sich über ein Bild mitzuteilen (s. S. 128).

Beim nächsten Besuch war ich mit ihr allein, nahm das Bild zur Hand und fragte sie, ob sie möchte, daß ich meine Empfindungen dazu ausdrücke, oder ob sie es mir selber erklären wolle. Ihr war es dann lieber, zunächst zu hören, was ich sehe.

„Ich sehe einen Menschen, der wie in einer Schlucht eingesperrt ist. Dieser Mensch erhebt seine Arme. Für mich ein Symbol der Ohnmacht, der Hilflosigkeit, des Schreiens. Ausgeschlossen durch ein schwarzes Etwas, was wie hineingefressen ist in die Bergwände ... – Außerhalb – oberhalb dieser Schlucht sehe ich Sonne,

Himmel, Turbulenzen, sehe ich Wärme, sehe ich Liebe. Mit den beiden Vögeln komme ich nicht ganz zurecht. Sind es fortziehende Vögel im Herbst?"

„Nein", antwortete die Frau sehr spontan, „das sind meine Kinder. Sie sind am Leben."

„Was ich wahrgenommen habe", frage ich die Frau, „entspricht das ihrem Erleben?" Nach einer Pause: „Ja, Sie haben das richtig gesehen. Ich fühle mich ausgeschlossen. Ich fühle mich eingeschlossen, und dieses schwarze Etwas, ein dickes Metall schmiedet mich ein. Und da", mit der Hand aus dem Fenster in Richtung Straße weisend, „da draußen geht das Leben weiter ohne mich." Ich höre unter ihren Worten Traurigkeit und zugleich Wut, Ärger und Zorn. „Ja, ich bin traurig. Was soll das noch alles? Soll ich mich noch operieren lassen? Dann kommen sicher die Bestrahlungen und dann ..., das hilft doch alles nicht mehr!"

Nach einer Pause sage ich noch einmal, was ich wahrnehme: „Ich empfinde Sie hin und her gerissen. Auf der einen Seite eingeschlossen, ja aussichtslos. Aber ich höre auch: Ich möchte leben, ich möchte mit meinen Kindern am Leben sein. Ja, ich möchte es doch wagen. Ich will noch leben. Ich will mich operieren lassen und will kämpfen ..."

Ich habe dann am Schluß unseres Gespräches ein Gebet gesprochen: mit der Bitte für sie, für ihre Kinder, mit der Fürbitte für die anderen Patienten um Heilung, Geduld und Treue, für die Schwestern und Ärzte, um Behutsamkeit, Feinfühligkeit, Zärtlichkeit. Mit der Bitte auch für mich selbst, daß wir nicht meinen zu wissen, sondern daß wir uns gemeinsam einem Gott des Lebens öffnen.

Diese Patientin erholte sich gut nach der Operation, erlebte über Monate hin eine Stabilisierung, lebte wieder zu Hause und dann – fast zwei Jahre später wieder ein Signal: Bitte besuchen Sie mich, ich muß wieder ins Krankenhaus. Während der Genesung hatten wir Gesprächskontakte in der Zeit-Oase. Dann, beim erneuten stationären Aufenthalt, fühlte diese Frau ihre große Enttäuschung, Ohnmacht – und weinte. Sie war aufgewühlt von großer Unruhe und Unsicherheit, Angst. „Bitte besuchen Sie mich doch, so oft es geht." Sie stimmte zu, daß auch eine unserer Hospizhelferinnen zu ihr kommen könne, so daß sie jeden Tag mit einer/m Begleiter/in sprechen konnte.

Unsere Gespräche wurden immer mehr Gespräche der Erinnerung. Sie ging mit mir die verschiedensten Abschnitte ihres Lebens entlang: mit vielen Enttäuschungen, mit vielen Freuden. Eine große Not war für sie die Trennung und Loslösung von ihrem Mann, – Schuldgefühle kamen hoch, eine ganz große und schwere Last … Später erinnerte ich sie an frühere Gespräche – sie war offen für die religiöse Dimension, an unsere Worte vom barmherzigen und guten Gott, der entgegeneilt, der in die Arme nimmt. Ich erinnerte an Christus, der seinen Freunden nicht den Kopf wusch, sondern sich selber kleinmachte, sich bückte und ihnen die Füße wusch. Ich erinnerte sie daran, daß es Versöhnung, Vergebung und um Vergebung-bitten gibt. Wir erinnerten, wie oft wir das Vater unser, das Gebet unserer Hoffnung und unserer Zuversicht, miteinander gesprochen haben. Gesprochen die Bitte um Vergebung und unser Versprechen, „… wie auch wir vergeben". Schuldgefühle können Gefahr und zugleich Chance sein: Gefahr, sich selbst zu quälen und zu verurteilen; Chance, sich der Barmherzigkeit Gottes zu überlassen. So suchten wir einen Weg, einen Weg zur Versöhnung, zur Befreiung in allem Hin und Her. Ich erzählte ihr die Geschichte vom Schatten:

„Die Weisheit Asiens erzählt von einem Mann, den ängstigte der Anblick seines eigenen Schattens so sehr, daß er beschloß, ihn hinter sich zu lassen. Er sagte zu sich: ‚Ich lauf ihm einfach davon.' So stand er auf und lief davon, aber der Schatten folgte ihm mühelos. Er sagte zu sich: ‚Ich muß schneller laufen.'

Also lief er schneller und schneller, lief so lange, bis er tot zu Boden sank. – Wäre der Mann in den Schatten eines Baumes getreten, so wäre er seinen eigenen Schatten losgeworden. Aber darauf kam er nicht. "[20]

Ich nahm das Gespräch nach einer Pause wieder auf: „Wie oft bin ich außer Atem und Sie wahrscheinlich auch. Ich möchte mich mit Ihnen unter den Baum, unter den Baum des Kreuzes stellen. Christus ist nicht geflohen vor dem Schatten der Welt, er nahm ihn an und auf sich. Er dachte in all seiner Angst nicht an Flucht, an Gegengewalt. Warum sollte er unseren Schatten nicht sehen, warum ihn verurteilen? Darauf setze ich: Sie und ich, wir brauchen keine Heidenangst zu haben vor unseren Schatten, unseren Schuldgefühlen. Wir brauchen auch nicht durch Schuldzuweisung, durch Erklärungen versuchen, uns selber reinzuwaschen, zu entlasten, sondern ich glaube, er nimmt Sie und mich an, wie wir sind. Heilung mit Licht und Schatten ist möglich."

In einer Pause fragte ich sie, ob ich ihr beim nächsten Besuch ein ganz einfaches Holzkreuz mitbringen dürfe. Dieses Symbol, ein Stück Baum, der den Schatten aufnimmt wie Christus am Baum des Lebens und der Versöhnung. So habe ihr beim nächsten Besuch ein einfaches Holzkreuz überreicht.

Beim übernächsten Gespräch gab sie mir beim Abschied ein Bild (s. S. 132). Wie schon bei der ersten gemeinsamen Bildbetrachtung wünschte die Patientin, daß ich ihr zuerst meine Wahrnehmungen sage: „Lieber Gott, wo bist du, dieses riesengroße Fragezeichen!? – Sie fühlen sich wohl sehr allein, trotz regelmäßiger Besuche, trotz so mancher Zeichen der Zuwendung." Ich deutete auf einen Blumenstrauß, auf Fotos ihrer beiden Kinder. „Ich vermute, daß die Einsamkeit Sie besonders während der Nacht bedrückt und belastet.

„Ja, ich bin sehr viel allein, und es ist für mich fast

Lieber Gott, wo bist DU

keine Frage mehr, sondern ich fühle mich von Gott, wenn es ihn wirklich gibt, verlassen, im Stich gelassen. Mein Weg – ist ein Weg zu Gott? Das weiß ich nicht. Und ich weiß nicht, ob es ihn überhaupt gibt. Ich hoffe, und ich baue auf die Worte und auf das Leben Jesu Christi. Ich bin froh, daß es ein Gebet gibt, das für mich oft zutrifft: ‚Ich glaube Herr, hilf meinem Unglauben.'" Ich antwortete ihr: Sie fürchten, daß dieser Weg für Sie zur Last wird, daß er sehr weit, zu weit geht, und ich höre den Ruf, daß doch jemand mitgehe und an ihrer Seite bleibe."

Nach einer Pause sagte die Patientin: „Sie haben mir eine Geschichte erzählt, damals, vor zwei Jahren. Ich kann mir nicht vorstellen, daß diese Geschichte wirklich stimmt: die Geschichte von der Spur." Ich hatte beim Betrachten des Bildes an diese Geschichte nicht gedacht, und jetzt stand sie mir wieder klar vor Augen. Die Geschichte von den Spuren im Sand:

„Ein Mann hatte eines Nachts einen Traum: Er ging mit Gott zusammen einen Strand entlang. Sein ganzes Leben zog an ihm vorüber und hinterließ seine Spuren im Sand. Der Mann sah zurück und entdeckte, daß manchmal nur eine einzige Fußspur im Sand war. Und dann merkte er, daß dies gerade die Tage größter Not und Traurigkeit in seinem Leben waren.

Da fragte er Gott: ‚Hast du nicht versprochen, bei mir zu sein? Ich sehe aber an den Tagen meiner größten Not nur eine einzige Fußspur! Warum hast du mich immer dort allein gelassen, wo ich dich am nötigsten gebraucht hätte?'

Da antwortete Gott: ‚Ich liebe dich doch. Ich würde dich niemals verlassen. In den Tagen, wo du am meisten gelitten hast, wo du mich am nötigsten gebraucht hast, und wo du nur eine einzige Spur entdeckt hast, da habe ich dich getragen.'"[21]

Ja, das war die Geschichte. Aber stimmt das? „Ich kann es nicht spüren", sagte die Frau. „Gott könnte sich doch zeigen. Ich möchte ihn spüren, gerade in der Nacht. Da fühle ich mich besonders hilflos." – „Ich glaube, Gott kann ich nur spüren und erfahren durch Menschen. Er braucht Menschen, braucht unsere Ohren, unsere Augen, unseren Mund, braucht unsere Füße, unsere Arme und Hände. Er ruft uns und schenkt uns auch Kraft, einander zu begegnen. Ich bin überzeugt: In Begegnungen geschieht Heilung. Sie merken, das sind jetzt viele Worte, aber das einzige, was für Sie jetzt zählt, ist, daß ein Du da ist, nur da." – „Ja, dann bin ich ruhiger, dann ist auch die Angst kleiner." – „Aber hier ist auch das Problem, es ist ja nicht möglich, daß immer ein Du da ist: Ihre Tochter, Ihre Freunde, die Helferin aus dem Hospiz. Doch wir alle wissen: Wenn wir weggehen, wird uns bewußt, daß Sie, daß ich, daß jeder seinen Weg immer auch allein gehen muß. Und das heißt, daß wir einander loslassen müssen. Ich glaube, um dieses Loslassen geht es auch in jener Geschichte von den Spuren im Sand, auch in der Kreuzerfahrung Jesu. Es lädt uns ein loszulassen, uns einer anderen Wirklichkeit zu überlassen."

Die Frau ist einige Tage später gestorben. Unsere letzten Begegnungen waren fast ausschließlich erfüllt mit „einfach Da-sein", Streicheln, ein Erfrischen mit einem feuchten Tuch und immer wieder auch das gemeinsame Halten des Kreuzes. Als ich noch einmal zur Station kam und die Schwestern sagten, sie sei „erlöst", hörte ich, sie habe die ganze Nacht das Kreuz in der Hand gehalten. Ich bin überzeugt, daß die Patientin den Frieden spürte, dieses Du, nach dem sie sich gesehnt hatte. Für mich war dies eine Hilfe in meiner Trauer.

(2) Bild eines Kindes

Durch einen Brief erfuhr ich von einem Pfarrer – sehr weit entfernt von Halle, daß ein Erstkommunionkind aus seiner Gemeinde zur Operation nach Halle käme. Der Junge und ich wurden nach kurzer Zeit Freunde. Dieser Zehnjährige war herzkrank und wurde auf eine Herzoperation vorbereitet. Ich habe ihm versprochen, daß ich sehr oft zu ihm komme, wenn ich es schaffte, jeden zweiten Tag. Diese Weggemeinschaft war Begegnung im Spiel, Betrachten von Bildern, Erzählen und vor allem auch in der Erfahrung dieses Jungen: Auch wenn ich weit weg bin von zu Hause, habe ich einen Freund, der mich besucht und bei mir ist. Seine Eltern kamen zweimal in der Woche zu der erlaubten und leider nur begrenzten Besuchszeit (inzwischen hat sich dies Gottseidank gewandelt, und es gibt die Möglichkeit, daß Eltern, zumindest ein Elternteil, viele Stunden am Tage und wenn möglich auch in der Nacht bei ihrem Kind sein können).

Vor der Operation verabredeten wir – ich hatte das vorher mit dem Arzt und den Schwestern abgesprochen –, daß ich auch am Operationstag als sein Freund auf die Intensivstation mitgehe und an seiner Seite bin. Wir waren beide, so meinte ich, voller Hoffnung, daß die Operation zu einer Heilung seines Leidens führen würde.

Es war vor Pfingsten, und ich überlegte, was ich ihm mitbringen könnte. Was kann ich ihm über die Geistsendung erzählen? Im Religionsunterricht bat ich gleichaltrige Kinder, diesem Jungen eine Pfingstpredigt zu malen. Es entstanden ganz unterschiedliche Bilder. Ich besuchte, wie verabredet, den Jungen. Er lag zwischen Schläuchen und Apparaten und freute sich über mein Kommen. Ich erzählte von den Kindern und zeigte ihm die Bilder. „Such dir ein Bild aus, ich hefte es mit einem Pflaster an die Wand, damit du es siehst, wenn du möchtest." Nach mehrfachem Betrachten sagte er: Dieses möchte ich:

Ich war irgendwie überrascht, ja vielleicht sogar ein wenig enttäuscht. Er hatte ein Bild ausgesucht, was ich nie vermutet hätte. Weder die Flammen noch die Taube waren auf diesem Bild – all das, was auf den anderen Bildern zu sehen war. Ich befestigte es mit einem Pflaster für ihn sichtbar an der Zimmerwand. Und fragte ihn: „Was sagt dir denn dieses Bild?" Der Junge antwortete sofort mit diesem Satz: „Der Himmel ist offen."

„Offen. Hier bricht ein Mensch auf, verläßt einen Raum, tritt hinaus voll Zuversicht und Mut. Ein Bild mit angenehmen Farben." Der Junge nickt. Wir haben noch einmal um seine Heilung gebetet, das Vaterunser gesprochen, das Abendmahl gehalten und den Segenswunsch für ihn, die anderen Kranken, Schwestern und Ärzte und für seine Eltern gesprochen. – Der Junge verstarb am gleichen Abend. „Sein" Pfingstbild habe ich seinen Eltern als das Lebens- und Glaubensbild ihres Sohnes geschickt. Ich selbst erlebte mich tief betroffen und zugleich voller Hoffnung.

„Ganz Ohr sein" kann auch heißen: Begegnung über das Betrachten von Bildern. Ich glaube, daß hier, gerade für einen Menschen in seinem letzten Lebensabschnitt, eine große Chance liegt, sich mitzuteilen und sich selbst zu verstehen in dem, wo Worte nicht gleich hinreichen. Ich halte es für sehr wichtig, daß ich als Betrachter eines von Patienten gemalten Bildes immer erst deren Zustimmung erfrage, ob ich zu ihrem Bild meine Empfindungen äußern solle. Hier ist große Behutsamkeit vonnöten.

7.4
Botschaft aus Symbolen

Symbole begleiten uns durch das ganze Leben. Sie sind wie Türen, tiefere Schichten in uns zu entdecken oder zum Ausdruck bringen zu können. Symbole begleiten nicht nur religiöse Menschen, sondern jeden auf seinem Lebensweg. Ich möchte ein wenig verdeutlichen, wie Symbole und die Symbolsprache für die Begegnung mit Menschen in Krisen und am Lebensende eine große Bedeutung bekommen können. Häufig ermöglichen sie überhaupt erst eine Kommunikation und sind für die Gesprächskontakte wie Schlüssel zu unbekannten Räumen.

Symbol einer Reise

Erstes Beispiel: Erinnerung an einen älteren Herrn, weit über 70. Bei der dritten Begegnung mit mir äußerte er den Wunsch: „Ich würde gern mit Ihnen nach Königsberg in Ostpreußen fahren. Können Sie sich nicht mal im Reisebüro erkundigen, wie wir dahin kommen. Ich lade sie dazu ganz herzlich ein."
Objektiv war die Situation des Patienten nicht ge-

eignet, an eine Reise nach Königsberg zu denken. Einmal rein politisch nicht (Grenze und Visa), aber noch mehr stand der fortgeschrittene Zustand seiner Krankheit der Verwirklichung eines solchen Wunsches gänzlich im Weg. Und doch gibt es einen Weg: Reise als ein Symbol. Die Erinnerung an bedeutsame Abschnitte des Lebens. So sind wir nicht mit der Eisenbahn, mit dem Auto oder Flugzeug in seine Kindheit und Jugend gefahren, sondern wir haben über dieses Symbol – Reise – und was sich hinter ihm verbirgt, sehr ausführlich gesprochen: über seine Zeit in der Heimat, eine Zeit voller Lebendigkeit, eine Zeit voller Hoffnung, und ich hatte viele Möglichkeiten zu erfahren, wie schön Königsberg sein muß und wie gern dieser Mann von seiner Kindheit und seiner Jugend erzählte. Symbol Reise – innere Reise mittels der Erinnerung, an den Ort der Kindheit, der Heimat, Teil einer Lebensgeschichte, die jetzt ihren Frieden sucht.

Symbol Wasser

Ein anderes Beispiel: das Symbol Wasser. Hier will ich von den Gesprächen und Begegnungen mit einem jungen Mann sprechen, der als 16jähriger aufgrund plötzlich auftretender Lähmungserscheinungen während seines Urlaubs ins Krankenhaus kam. Diagnose: eine nicht zu operierende Riesenzelle in der Wirbelsäule. Dieser junge Mensch kam zu uns nach Halle, und in kurzer Zeitfolge verursachte die Riesenzelle eine Querschnittslähmung und wuchs sichtbar aus seinem Rücken heraus.

Unsere ersten Kontakte waren sehr spröde. Er konnte mit einem Pfarrer nicht viel anfangen. Erst über das Betrachten von Bildbänden rückten wir einander ein Stück näher, wurden etwas vertrauter. Bei meiner Frage, welche Wünsche er habe, was er gern erleben würde, sagte mir dieser junge Mann nach kurzer Überlegung: „Ich möchte gern wirkliche Bäume sehen, nicht nur auf Bildern, und ich möchte gern baden." Baden – es war gerade August, große Hitze. So überlegte ich, wo ich ihn im Krankenhaus baden könne. Er mußte ja in eine Wanne gelegt werden, da das Wachstum der Riesenzelle schon sehr weit fortgeschritten war. Ich entdeckte auf der Intensivstation eine Wanne, die von beiden Seiten zugänglich war. Für ihn und für uns – beim Baden halfen zwei seiner Klassenkameraden – war es eine echte Freude, daß er zweimal in der Woche das erfrischende Wasser spürte. Für das Personal, für die Angehörigen war zunächst Sorge und Angst da. Kann das nicht vielleicht schaden?

Bei einem dieser Bäder, bei dem auch immer die Haarwäsche mit einbezogen war, fragte ich ihn: „Hast du Vertrauen zu mir?" – „Na klar." – „Dann laß ich deinen Kopf los." Ich hatte den Arm unter seinen Kopf gelegt und hielt ihn so über Wasser. Er sah mich zunächst erschrocken an, und nach einer Pause nickte er. Ich ließ ihn los, und dann rutschte er ganz unter Wasser. Ich holte seinen Kopf wieder hoch und sagte: „Du, das bedeutet für mich Taufe: Du gehst nicht unter. Da gibt es jemanden, der dich zieht und hält." Zwischen uns konnte dann allmählich eine Hoffnung wachsen. Wasser, Taufe, du gehst nicht unter.

An seinem Sterbeabend waren seine Großmutter, seine Eltern, seine Geschwister, Ordensschwestern und ich bei ihm. Er, der sein junges Leben loslassen mußte, sagte uns: „Was ihr nur weint, ich gehe nicht unter."

Seinen zweiten Wunsch, richtige Bäume zu sehen, habe ich nicht erfüllt. Heute würde ich es tun. Über die Bedeutung des Baumes als Symbol, auch als Symbol des Kreuzes, als Baum des Lebens war schon die Rede. Ich überreiche, wenn eine Beziehung gewachsen ist, jedem, der den Wunsch hat, ein einfaches Holzkreuz.

Symbol Geld

Ein weiteres Symbol möchte ich an folgender Begegnung aufzeigen. An einem Samstag sprach mich eine ältere Ordensschwester an: „Können sie nicht zu Herrn NN. gehen? Er ist allein im Zimmer. Vielleicht können Sie noch etwas machen." Unangenehm war zunächst für mich der Druck: „Du sollst etwas machen – eine Seele retten?" Ich glaube: Die wichtigste Brücke zu einem Kranken ist nicht der Wunsch oder der innere Druck, als Seelenretter zwischen Himmel und Erde stehend aufzutreten bzw. auftreten zu müssen, sondern als Brücke des Vertrauens und der Bereitschaft, als Mensch einen anderen Menschen anzunehmen. Jene Ordensschwester mag ich sehr, schätze sie und möchte nicht mißverstanden werden, als kritisierte ich ihre Erwartung. Ich glaube aber, daß in jedem Menschen die Heilkraft der Liebe Gottes wohnt und entdeckt werden kann, auch wenn „nichts mehr zu machen" ist.

Die Begegnungen waren zunächst schwierig, denn der ältere Herr, „ein Edelkommunist", wollte mit Kirche und mit einem Pfarrer eigentlich nichts zu tun haben. Zögerlich erlaubte er mir nach meiner Frage „Darf ich mich setzen?", daß ich mich an sein Bett setzte. Wir kamen ins Gespräch über sein Leben in unserer Stadt. Er erzählte von dem Zusammenhalt der Kommunisten, wie sie sich Ende der zwanziger Jahre wehrten und ihre Funktionäre verteidigten, und er meinte, daß er diesen engen Zusammenhalt jetzt, seit es die DDR gäbe, sehr vermisse. Ich hörte dann seine Dankbarkeit über die gute Pflege im Krankenhaus, zugleich aber auch seine Angst, daß er immer mehr Kräfte verliere; seine fortgeschrittene Krebserkrankung erschwerte die Nahrungsaufnahme. Er fragte, was ich so mache. Und als er hörte, daß ich auch als Pfleger gearbeitet habe und ab und zu bei der Begleitung und Betreuung der Patienten auch pflegerisch mithelfe, sagte er: „Dann sind Sie aber kein richtiger Pfarrer." Was ist ein richtiger Pfarrer?

Am Schluß des Gesprächs, als ich ihn fragte, ob es ihm recht sei, wenn ich Anfang der Woche mal wieder vorbeischaue, sagte er: „Gut. Man kann ja mit Ihnen reden wie mit einem normalen Menschen."

Ich verabschiedete mich, und an der Zimmertür holte mich seine Stimme ein: „Wissen Sie was, ich schenke ihnen 1600 Mark. Diese 1600 Mark haben mich in Gedanken begleitet, und ich habe überlegt, ob ich den Schwestern die Hälfte abgeben muß. Und was ich mit dem anderen Geld machen soll. Bis dann nach vielen Stunden endlich der Groschen fiel."

Beim nächsten Besuch fragte ich ihn in Erinnerung an jenen spontanen Rückruf: „Was möchten Sie denn in Ordnung bringen?" Für mich wurde dieses Gespräch zu einem der intensivsten Beichtgespräche. Er hatte für sich tief begriffen: Wo ich Liebe nicht mit Liebe beantworte, mache ich mich schuldig. In seinem Leben hatte er gelernt, lernen müssen: Wo ich schuldig geworden bin, muß ich zahlen. – Ich habe für diesen Mann – da er körperlich dazu nicht mehr in der Lage war – Briefe geschrieben: Briefe mit der Bitte um Vergebung, Briefe der Versöhnung.

Ich bin überzeugt: Dieser Mensch, der in derselben Woche verstarb, hat nicht nur mit sich selbst, mit Menschen in seiner Lebensgeschichte, sondern ganz sicher auch mit Gott seinen Frieden gefunden.

Geld – eine harte Realität und zugleich ein Symbol; in der Begleitung Sterbender eine nicht unwichtige Chiffre.

7.5
Botschaft aus Träumen

Jeder kennt in seinem Leben kleine und große Träume, aufrüttelnde und scheinbar bedeutungslose Träume. Wir alle haben Angst vor Alpträumen. Mancher erinnert sich vielleicht an Erzählungen der Bibel von Träumen und deren Bedeutung: etwa an die Träume des nach Ägypten als Sklave verkauften Joseph, den der Pharao zu seinem Verwalter und Berater machte, – oder an die Träume Josephs vor und nach der Geburt Jesu und an die der drei Weisen nach ihrem Besuch an der Krippe.

Träume sind Botschaften, die es gilt zu erschließen, zu entdecken. Für mich sind Träume immer auch ein Schutz, gleichsam ein Puffer, daß die Wirklichkeit so etwas wie eine Pufferzone kennt.

„Mich hört keiner!"

In einer Klinik wurde eine Frau in ein Einzelzimmer isoliert, da sie sehr oft Schreikrämpfe bekam und psychisch verwirrt erschien. Der zu Rate gezogene Psychiater verordnete zur Ruhigstellung Medikamente. Als ich in die Klinik kam, schickte mich die Stationsschwester zu dieser Frau mit der Bitte, ob ich sie vielleicht etwas zur Ruhe bringen könne.

Beim Betreten des Zimmers sah ich die Frau in ihrem Bett liegen: mit starrem Blick zur Decke, hinter einem Bettbrett, an der anderen Seite die Zimmerwand. Mein sonst übliches „Darf ich mich an Ihr Bett setzen?" entfiel, denn vom Stuhl aus hätte ich sie nicht anschauen können. So lehnte ich mich über das Bettbrett, stellte mich vor und fragte, wie es ihr gehe. Es brach aus ihr heraus, und sie krallte dabei meine Hand mit ihren Händen: „Ich habe solche Angst." Ich fragte: „Wovor haben sie Angst?" Sie antwortete: „Mich hört keiner." Ich sage: „Wie soll ich das verstehen, Sie hört keiner?" Dann erzählte sie: „In der letzten Nacht habe ich geträumt, und ich weiß nicht: War es Traum, oder war es kein Traum, denn Sie stehen da jetzt. Daß ein Bagger immer mehr von der Station wegreißt. Und ich habe den Bagger gesehen, der kam immer näher, und ich habe geklingelt, und ich habe geschrien, und keiner ist gekommen, und direkt vor meinem Bett hat der Bagger aufgehört."

Ich bringe ihre Situation in Erinnerung: Die Frau mit dem Blick zur Decke oder der Wand gegenüber, links direkt am Bett eine Wand und rechts zum Raum hin das Bettbrett, ausweglos. Sie fühlt sich wie in einem Sarg. Ich teile ihr diese meine Vermutung, bestärkt durch ihren Traum, mit. Sie fing an zu weinen. „Was ist da noch bei mir lebendig?" Nach einer Weile: Bei Ihnen darf ich sogar weinen. Mein Mann sagt immer: Weine nicht, dann kannst du nicht wieder gesund werden." Nach diesem Gespräch ging es in den weiteren Begegnungen immer wieder um die Not des Ehemanns. Er könne sich überhaupt nicht vorstellen, ohne sie allein weiterzuleben.

Keine postoperative Psychose, keine psychiatrische Auffälligkeit war hier Ursache der Angst und des Angstschreis. Ihr Schrei war der Ruf nach einem Du, das zuhört, für die Angst ein Ohr hat und die gespürte Gewißheit mitträgt: Ich werde nicht mehr lange leben können.

„Er stürzt in die Tiefe"

Bei der Begleitung eines Patienten über fast 18 Monate kam es in einem Gespräch in seiner Wohnung zu der Frage: „Was belastet Sie zur Zeit am meisten?" Nach einer Pause sagte er: „Am schlimmsten für mich sind die Nächte." Ich war überrascht und antwortete:

„Vorhin haben Sie mir doch erzählt, daß Sie fast durchschlafen und froh sind, daß Sie durch die Medikamente ohne Schmerzen sind und schlafen können." – „Ja, aber da sind diese Träume, und dann schrecke ich auf und bin naß geschwitzt, und dann brauche ich wieder eine Weile, um einzuschlafen." Ich frage ihn, ob er mir einen solchen Traum erzählen wolle. Nach einer Pause: „Diesen Traum habe ich schon oft erlebt. Es spielt sich so ab: Ich bin unterwegs in einer sehr schönen Landschaft mit vielen Bäumen, Sträuchern, mit einer Wiese, mit viel Grün. Und dann komme ich in ein Neubaugebiet mit einem Hochhaus. Ich war noch nie in einem Hochhaus. Dann betrete ich einen Fahrstuhl. In Wirklichkeit habe ich Angst vor einem Fahrstuhl und bin noch nie mit ihm gefahren. Das ist nur im Traum. Dann setzt sich der Fahrstuhl in Bewegung, aber dann nicht nach oben, sondern er stürzt in die Tiefe, und ich falle mit einer riesenhaften Geschwindigkeit. Ich drücke Knöpfe und versuche, Halt zu bekommen, und dann bin ich auf einmal wach."

Der Fahrstuhl – Hineinfallen ins Dunkle, sich nicht festhalten können. Unser Gespräch führte ihn ganz nah in seine reale Situation: Er spürte, daß es hier darum ging, loslassen zu müssen, sich fallen zu lassen, ja auch sich zu verlassen, Vertrauen zu haben. Wir haben überlegt, wie dies geschehen könnte, wo er Menschen begegnet ist, denen er ganz und gar vertraut.

„Auf meinen Schultern sitzt ein Geier"

Eine Patientin wurde von uns in ihrer Wohnung betreut. Wir begleiten sie mit unserem Hausbetreuungsteam. Unsere Beziehung war während vieler Begegnungen gewachsen, und wir hatten wenig Schwierigkeiten, miteinander gleich zur „Sache" zu kommen. Nach dem Austausch darüber, wie es mit ihren Schmerzen sei, wo sie Hilfe brauche, wie es in ihrer Familie gehe, fragte ich sie, wie sie sich persönlich fühle. Sie sagte darauf – sie hatte sieben Tage vorher ihren Geburtstag gefeiert: „Dies war wohl meine letzte Geburtstagsfeier. Ich merke, daß ich immer mehr abbaue, und es ist eine Quälerei, die Treppen hinunterzugehen und dann wieder hochzukommen. Aber ich lasse mich nicht unterkriegen, und ich will so lange wie möglich alles mitmachen. Ich freue mich über jeden Tag. Ich habe mit meinem Mann unsere Sitzecke umgruppiert, damit ich mich bequem hinlegen und teilnehmen kann am Fernsehen, am Gespräch. Ich will nicht ins Bett, denn dort roste ich ja. Ich freue mich über jede Blume und finde besonders kleine Sträuße am schönsten. Ich bin froh, wenn ich kleine Happen essen kann und wenn es in meinem Körper bleibt. Ich bin dankbar, wenn ich die notwendige Flüssigkeit – Sie haben mich ja vorhin auch gleich gefragt: Haben sie genug getrunken? – schaffe. Wie krank ich bin, daß sehe ich, wenn ich in den Spiegel schaue. Und wie bedroht mein Leben ist, davon träume ich oft.“ Und auf meine Frage, was sie träume, erzählte sie ihren Traum: „Auf meiner Schulter sitzt ein Geier und versucht ständig, mich von hinten zu hacken.“

Alpträume

Ich erinnere mich an einen Patienten auf einer Intensivstation, der nach einer Thoraxoperation zunächst sehr verwirrte und unverständliche Dinge sprach.

Nach Stabilisierung seines Zustandes erzählte er mir von seinen schlimmen Alpträumen: Er will immer wieder die Ärzte, die Schwestern und uns ansprechen: ‚Laßt mich doch zufrieden. Mir geht es gut. Ich habe überhaupt keine Schmerzen.‘ Er habe gesehen, wie ein Teil seiner Lunge zerfetzt und seine Leber kaum noch da ist, und er habe auch geträumt, daß er noch sechs Monate zu leben hat und wie er in seinem alten Betrieb als Schwerkranker den Vorgesetzten und ehemaligen Kollegen vorgezeigt wurde.

Seine Träume wurden im Lauf des anschließenden Gesprächs für ihn Schlüssel zu seinem Erleben: Seine Leber war zerstört, seine Lunge sehr krank. Was er an seinem Arbeitsplatz erlebte, hatte ihn über Jahrzehnte verletzt und schmerzte noch immer. Bei der Zeitangabe des Traumes verwoben Wunsch und Wirklichkeit: Nicht nach sechs Monaten, sondern in der sechsten Woche ist er verstorben.

Träume können quälen und schlaflose Nächte bereiten. Sie können in der Begegnung mit einem Menschen aber auch Schlüssel sein, um in Schichten des Lebens und Erlebens zu kommen, die auf Versöhnung warten.

7.6
Botschaft aus Begegnungsgeschichten

In der Bibel werden viele Bilder, Geheimnisse menschlichen Lebens erzählt. Es sind Bilder und Geschichten unserer Nöte, unserer Ängste, zugleich aber auch Bilder und Geschichten der Hoffnung von der Güte und Menschenfreundlichkeit Gottes mit jedem Menschen. Diese Begegnungsgeschichten können helfen, eine vielleicht vergessene, unbeachtete Dimension wiederzuentdecken. Bilder lassen uns in die Tiefe tauchen. Sie lassen uns erkennen, wie Menschen ergriffen sind und begreifen lernen.

„Das schaffe ich nie!"

In unsere Krisenberatungsstelle kam ein älterer Herr, der bis in sein Gesicht und seine ganze Körperhaltung hinein seine depressive Gestimmtheit ausdrückte. Eine Ärztin hatte ihn zu uns geschickt. Er brauchte mehrere (innere) Anläufe, bis er den Weg in die Zeit-Oase fand. Zunächst war nur Schweigen, dann sein Bemühen, in aller Unbeholfenheit seine Not auszusprechen. In seinen letzten Jahren, Jahrzehnten war alles sehr schlimm geworden. Er sprach von vielen Verlusten in seinem beruflichen und familiären Leben. Und dann, nach einer Pause: „Und da ist noch sehr viel."

Mein Bemühen, ihn abzuholen und ihn anzunehmen, drückte ich mit folgenden Worten aus: „Ich habe das Gefühl, als ob Sie da, wo sie sich jetzt erleben, gar keinen Weg mehr für sich entdecken?" – „Ja, und dieses Herumsuchen, Herumtasten und immer wieder gegen eine Wand laufen und Niederlagen erleben, das macht mich kaputt und zerstört mich. Ich bin wütend. Ich habe meinen Glauben verloren. Ich wage auch nicht, zur Kommunion zu gehen."

Zweimal versuchte er, das Gespräch abzubrechen. Doch dann begann er, stockend von seiner Zeit im Zweiten Weltkrieg zu erzählen. Es hatte ihn über Jahrzehnte nicht zur Ruhe kommen lassen. Ja, er sah eine direkte Verbindung zu all den Mißerfolgen, den Niederlagen im sozial-familiären Bereich als Folge dieser immer wieder von ihm verdrängten Geschichte aus dem Krieg. Er wollte fliehen, wollte alles zurücklassen, sich dieser Aufgabe nicht stellen. „Das schaffe ich nie!" Nach einer Pause fragte ich ihn, ob es ihm helfen würde, wenn ich sein Erleben in einer biblischen Geschichte zu entdecken versuche. In der Bibel steht das Wort: Ihr habt das Zeichen des Jona. Er war einverstanden, und so erzählte ich ihm die Geschichte von Jona:

Jona ist auf der Flucht. Auf der Flucht vor einem Auftrag. Er fühlt sich ihm nicht gewachsen. Ausgerechnet er soll dieser Menschenmenge die Umkehr predigen. Seine Flucht über das Meer läßt ihn immer tiefer einsinken – in das Schiff, in das Herz des Meeres, bis in den Bauch des Fisches – sein Grab. Dort im tiefsten Dunkel geschieht die Wende: Er schreit zum Herrn. Dieser erhört ihn. Der Herr aber schickte einen großen Fisch, der Jona verschlang. Jona war drei Tage und drei Nächte im Bauch des Fisches, und er betete im Bauch des Fisches zum Herrn, seinen Gott.

„In meiner Not rief ich zum Herrn, und er erhörte mich. Aus der Tiefe der Unterwelt schrie ich um Hilfe, und du hörtest mein Rufen. Du hast mich in die Tiefe geworfen, in das Herz des Meeres. Mich umschlossen die Fluten, alle deine Wellen und Wogen gingen über mich dahin. Ich dachte: Ich bin aus deiner Nähe verstoßen. Wie kann ich deinen heiligen Tempel wieder erblicken? Das Wasser reichte mir bis an die Kehle, die Flut umfing mich; das Schilfgras umschlang meinen Kopf. Bis zu den Wurzeln der Berge, tief in die Erde kam ich. Ihre Riegel schlossen mich ein. Doch du holtest mich lebendig aus dem Grab heraus, Herr, mein Gott. Als mir der Atem schwand, dachte ich an den Herrn, und mein Gebet drang zu dir, zu deinem heiligen Tempel. Wer da nichtige Götzen verehrt, der handelt treulos. Ich aber will dir opfern und laut dein Lob verkünden. Was ich gelobt habe, will ich erfüllen. Vom Herrn kommt die Rettung."

Da befahl der Herr dem Fisch, Jona ans Land zu speien (Jona 2; nacherzählt).

„Das Auftauchen aus dem Bauch des Fisches", fuhr ich dann fort, „ist nicht zu trennen von dem Schrei, der sich aus dem Dunkel der Nacht erhebt. Ich erlebe Sie im Dunkel der Nacht, schon über Jahre, ja über lange Zeit. Ich erlebe Ihre Ärztin als sehr aufmerksam. Ihre Ärztin gibt sich nicht zufrieden mit Medikamenten, sondern sie hat gespürt, hier ist noch eine andere Hilfe notwendig. Ich erlebe Sie eingeschlossen in Dunkelheit, herumtastend und suchend, sich selbst anklagend, und dahinter den Wunsch, wie der Herr es selbst sagt: ‚Vater, in deine Hände lege ich mein Leben.‘ Das Auftauchen aus dem Bauch des Fisches ist nicht zu trennen von dem Schrei, der sich aus dem Dunkel der Nacht, des Karfreitags, des Leidens, des durchkreuzten Lebens herauswindet. Ich höre Ihren Ruf. Und ich möchte Ihnen die Botschaft Jesus sagen und Sie spüren lassen. Die Botschaft Jesus, daß er Mensch geworden, sein Leben von der Krippe zu Betlehem bis zum Kreuz auf dem Berge Golgota konsequent gegangen ist. Er hat sich hingegeben, und aus seiner Hingabe erwächst die Osterbotschaft: ‚Dieser Jesus ist von Gott auferweckt, dafür sind wir Zeugen‘, wie es in der Apostelgeschichte heißt.“

Aus dieser Begegnung erwuchs das Schuldbekenntnis und das befreiende, erlösende Wort: Gott ist ein Gott der Vergebung. Dieser Mann fand einen neuen Zugang zur Tischgemeinschaft mit Gott und anderen Menschen in der Gemeinde. Er spürte den lebendig machenden Glauben an die Gegenwart Gottes auch in der Tiefe, ja im Grab. Er lebt als Hoffender und geht seinen Weg auf dem Fundament der Versöhnung.

„Steh auf, dein Weg ist noch weit!“

Eine andere Begegnungsgeschichte und daraus erwachsend eine Hoffnungsgeschichte erzählt von einer Frau, die innerhalb von vier Jahren zwei große urologische Eingriffe hat hinnehmen, annehmen und verarbeiten müssen. In dieser Zeit begegnete ich ihr regelmäßig auf der Station, aber auch im Gottesdienst am Wochenende. Bei einer unserer Begegnungen fragte ich sie: „Wie geht es?“ Sie winkte nur ab und drehte sich traurig weg. Dieses Zeichen war für mich Grund, sie bald zu besuchen, und so hörte ich von ihrer Traurigkeit, ihrer Hoffnungslosigkeit und den vielen ungelösten Fragen. Ihre Worte mündeten ein in den verzweifelten Wunsch: „Am liebsten würde ich gar nichts mehr essen, denn ich weiß nicht, wie es weitergehen soll."

Ein Mensch am Boden, völlig am Ende. Sie kann nicht mehr. Der Weg ist ihr zu ungewiß, zu anstrengend und zu aussichtslos. Sie will sterben. Nach einer Zeit des Schweigens, des dichten, dunklen Raums ohne Worte schauten wir uns an: „Ihr ganzes Leben war ein Leben für andere, für Ihren Mann, Ihre Kinder und Enkelkinder. Viele Menschen unserer Gemeinde und Ihrer Nachbarschaft kennen Sie so. Jetzt – in den letzten Jahren Ihrer Krankheit – was bleibt? Dieses bisherige Leben bricht zusammen, Therapie auf Therapie, Trauer, ja Verzweiflung in ganz vielfältiger Weise. Unsicherheit, Zweifel auch in Ihrem Glaubensleben. Wo ist da noch ein Weg, wo ist noch eine Aussicht? Verlassen – im Stich gelassen, auch von Gott? Verfolgt nur noch von Krankheit und Hoffnungslosigkeit – und damit im Tiefsten allein .

Was Sie jetzt erleben, haben auch Menschen der Bibel erlebt; damit sind Sie nicht ganz allein. Ich denke an eine Situation im Leben des Propheten Elia. Er spürt den Auftrag Gottes, eine Botschaft anzusagen. Er wird verfolgt von den Soldaten des Königs. Er fühlt sich verlassen von seinem Gott. So will dieser Mensch, dieser Elia nur noch seine Ruhe, ja sein Sterben, flieht in die Wüste, weg von allem und allen. Und dann? Genau da begegnet ihm Gott. Irgendwie hört er die Worte: „Steh auf, dein Weg ist noch weit." Wieso weit? Er sollte doch jetzt zu Ende sein! Doch Elia steht auf und geht. Er fühlt sich auf ungekannte Weise gestärkt und erfüllt, was er als seinen Lebensauftrag spürte.

Wer braucht diese Ermutigung, diese Stärkung nicht, immer wieder, wenn der Weg nur noch Angst macht und kein Sinn mehr da ist. Ich möchte für Sie hoffen – und beten. Stärke, Gott, Frau N., laß sie erfahren, daß sie auf ihrem Weg nicht allein ist.

„Ich habe alles vorbereitet"

Eine Begegnungsgeschichte, die für uns, die wir sie erlebten, zur Hoffnung wurde: Nach dem ersten Kennenlernen begleitete ich einen Patienten, Ende 60, über mehrere Monate in seiner Krankheit, auf dem Weg seines letzten Lebensabschnitts. Die Gespräche führten wir am Anfang auf der Station und dann mit festen Verabredungen bei ihm zu Hause. Er war eingebunden in eine große Familie, und für seine Familie wurde diese Zeit zu einer Zeit des Lernens und der Liebe. Wie konnten sie ihm, dem schwerkranken Ehemann, Vater, Schwiegervater und Opa beistehen?

Ein Beispiel nur: Zwei seiner Söhne übernahmen den Dienst des Badens, der Körperpflege. Sie trugen ihren Vater vom Bett zur Wanne und hielten ihn, wenn er in der Wanne lag, damit er sich wohl und sicher fühlte. Dieser Dienst der Söhne, dieses Getragenwerden, diese dadurch auch jetzt noch mögliche Erfrischung waren wirklich große Augenblicke für den Vater – und zugleich für die beiden Söhne und für die ganze Familie. Sie spürten, daß es gute Möglichkeiten gab, dem, den sie liebten, beizustehen.

Mit dem Patienten vereinbarten wir einen Gottesdienst mit seiner ganzen Familie in der Wohnung. Ich überlegte, was ich als Ausgangspunkt für ein Predigtgespräch aus der Bibel nehmen könnte. Nach der Begrüßung überraschte mich dann dieser Mann: „Ich habe alles vorbereitet." Er hatte die Lieder ausgesucht. Er ergriff bei der Besinnung, bei der Hinführung zum Schuldbekenntnis persönlich das Wort. Er bat ganz offen und konkret seine Familie um Vergebung. Ich war betroffen, erstaunt und dankbar. Aus dem Lukasevangelium hatte er die Verse ausgesucht: „Herr, nun kann ich in Frieden sterben; denn du hast dein Versprechen eingelöst! Mit eigenen Augen habe ich es gesehen: Du hast dein rettendes Werk begonnen, und alle Welt wird es erfahren. Allen Völkern sendest du das Licht, und dein Volk Israel bringst du zu Ehren."

Nach einer Stille kamen wir über das Bekenntnis, über den Hymnus, über diese befreienden Worte des Evangeliums ins Gespräch. Hier war nicht ich als Priester der Prediger, sondern hier waren wir alle miteinander, die wir um den Tisch saßen; Beschenkte.

„Ich möchte was loswerden"

Auch die folgende Begegnungsgeschichte wurde zu einer Hoffnungsgeschichte, die wie jede behutsam einladen möchte, an anderen Orten, in eigenen Situationen gewissermaßen erneuert, fortgeführt zu werden.

Ein Pfarrer bat mich, einen Patienten in der Universitätsklinik zu besuchen. Er deutete zuvor noch an, dieser Patient sei dem Glauben und allem Religiösen fern. Die erste Begegnung mit ihm war ein beiderseitiges Abtasten, geleitet von Unsicherheit und auch Vorbehalt. Der Mann kam, durch seine Krankheit bedingt, in regelmäßigen Abständen zur stationären Behandlung. Wir trafen uns dann, so war sein Wunsch.

Aus der allerersten behutsamen, respektvollen Begegnung erwuchs eine Freundschaft. Fast zwei Jahren später, sagte er es mir: „Es war für mich wohltuend und angenehm, daß Sie in keiner Weise versucht haben, mich zum Beten und zu den Sakramenten zu drängen." Inhalt unserer Gespräche waren sein Krankheitsverlauf, seine Sorgen, seine Hoffnungen, die politische Situation, der Alltag zu Haus und im Krankenhaus.

Dann, nach zwei Jahren kam sein Wunsch: „Ich möchte beichten, was loswerden. Ich möchte mich auf die anstehende Operation vorbereiten. Bitte, wann treffen wir uns dazu?" So wurde unsere Begegnung über den Weg der Begleitung und der Freundschaft eine Geschichte von zwei Menschen, die aus ihren Gesprächen heraus dann auch die Sakramente (Buße, Krankensalbung und Wegzehrung) miteinander als Lebensquellen erlebten. Für diese Stunde hatte ich als Wort der Bibel aus dem Lukas-Evangelium folgenden Abschnitt mitgenommen:

„Dann kam er nach Jericho und ging durch die Stadt. Dort wohnte ein Mann, der Zachäus hieß. Er war Zollaufseher und hatte viel Geld. Er wollte Jesus gerne sehen, doch die Menschenmenge versperrte ihm die Sicht; denn er war klein. Darum lief er voraus und stieg auf einen Feigenbaum, um Jesus zu sehen, wenn er vorbeikäme.

Als Jesus dorthin kam, schaute er hinauf und sagte zu ihm: ‚Zachäus, komm schnell herunter! Denn ich muß heute bei dir einkehren.' Da stieg er schnell herunter und nahm Jesus freudig bei sich auf. Als die Leute das sahen, wurden sie unwillig und sagten: ‚Bei einem Sünder ist er zu Gast.' Zachäus aber wandte sich an den Herrn und sagte: ‚Herr, sieh doch, die Hälfte meines Vermögens geb ich den Armen, und wenn ich von jemand zu viel gefordert habe, erstatte ich es ihm vierfach zurück.' Da sagte Jesus zu ihm: ‚Heute ist in dieses Haus das Heil gekommen; auch dieser Mann ist ein Sohn Abrahams. Denn der Menschensohn ist gekommen, um das Verlorene zu suchen und zu retten" (Lukas 19,1–11).

Wir kamen über diese Begegnung eines Menschen – voller Sehnsucht, aber auch voller Unsicherheit und Angst – in ein gutes Gespräch. Sehnsucht, das war's auch, was diesen Patienten tief bewegte. Und wir teilten die Freude, daß wir über unseren Weg der Begegnung gemeinsam entdecken konnten: Wir brauchen einander, brauchen das Mitteilen, das absichtslose Gespräch, die Gemeinschaft, das Aufarbeiten, die Versöhnung und irgendwie auch die Rettung.

Begegnungsgeschichten, Hoffnungsgeschichten, Befreiungsgeschichten – auch diese Weggefährtenschaft wurde zu einer Begleitung bis hinein in sein Sterben.

„... auch wenn ich große Angst habe"

Folgende Begegnung und Begleitung spiegelt das Erleben mit einem Menschen, der durch seine Lebensgeschichte kaum einen Kontakt zur Kirche und zur christlichen Lebensbotschaft hatte. Dieser Patient war über Jahrzehnte als Dozent an der Universität tätig. Als er schwer erkrankte, lernten wir uns im Krankenhaus kennen. Auch hier waren die ersten Begegnungen voller Behutsamkeit, denn für ihn war ein Pfarrer, ein Seelsorger etwas völlig Fremdes.

Sein Wunsch, nach Hause gehen zu dürfen, wurde zum Anlaß für einen Kontrakt. Seine Frau, sein Sohn und die behandelnde Ärztin verabredeten mit mir – wenn er wieder zu Hause sei – die weitere Begleitung, damit sein Wunsch Wirklichkeit werden konnte. Die Krankheit hatte zu einer extremen Verkrümmung seiner Wirbelsäule geführt. Er lag nicht im Bett, sondern saß auf einem Stuhl, sein Kopf in Höhe des Bauchnabels. Blick- und Raumkontakt waren nur möglich für uns durch ein Hinabbeugen und für ihn durch ein Schauen von unten nach oben.

Nach einigen Besuchen in seiner Wohnung wagte ich die Frage: „Möchten Sie nicht versuchen, wieder aufrecht zu sitzen und anders zu leben?" Nach vielem Hin und Her versuchten wir es mit einem Sessel, der auch eine entlastende und schonende Haltung begünstigte. Er brauchte fast eine Woche, bis er für dieses Experiment – seine Haltung zu verändern – wirklich bereit war.

Die nächsten Wochen waren – was so „normal"

klingt und hier doch eine große Überwindung bedeutete – Begegnungen mit ihm und zwischen ihm und seiner Familie von Auge zu Auge. Ich habe ihm dann eine Begegnungsgeschichte der Bibel erzählt. Sie schildert, wie eine völlig verkrümmte und gekrümmte Frau durch den intensiven Kontakt Jesu mit ihr, durch sein Wahrnehmen und Ernstnehmen ihrer Not – er rückt sie in die Mitte der Aufmerksamkeit – Heilung erfährt.

Er, dieser „Bibelunkundige" sagte: „Ja, das kann ich in irgendeiner Weise verstehen. Ich fühlte mich auch völlig überflüssig. Ja ,ich wollte mich verstecken und verbergen, denn was konnte ich noch leisten. Durch all die Gespräche und Begegnungen, die wir miteinander hatten, merkte ich, ich bin wer, und ich möchte sitzen, möchte teilnehmen am Leben, auch wenn ich davor große Angst habe" – eine bewegende Hoffnungsgeschichte.

Dieser Mann starb in seiner gewohnten Umgebung – zu Hause. An seinem Sterbetag rief seine Frau an und bat um Hilfe. Wir halfen ihr und ihrem Sohn, Abschied zu nehmen. Und beim zweiten Abschiednehmen, d. h. den Verstorbenen zu waschen, zu kleiden, zu betten und in der Erinnerung an ihn zu denken und zu danken. Gerade diese Dienste sind nach dem Eintritt des Todes für die Angehörigen sehr wichtig.

Hilflosigkeit und Unsicherheit sind wie ein lähmendes Gift. Der Dienst der Begleitung, auch nach der Bestattung, durch das Angebot zur Teilnahme an Trauer-Gesprächsrunden gehört nach unserer Erfahrung wesentlich zur Sterbebegleitung, ist doch nach dem Tod eines Angehörigen zunächst wirklich alles anders, und die Trauer braucht Menschen und aufmerksame Zuwendung.

7.7
Reifung in den letzten Tagen

In den letzten Tagen und Wochen eines menschlichen Lebens sind die Ängste besonders groß: Wie wird es sein? Wie geht es mit den Schmerzen? Werden die pflegenden Angehörigen wirklich durchhalten? Im letzten Jahr habe ich mehrere Sterbende in ihren Familien begleitet und habe gerade diese letzten Tage eines Lebens als besonders intensiv und bedeutsam erlebt. Bedeutsam und entscheidend hinsichtlich der Kommunikation des Patienten mit sich selbst sowie mit seinen Verwandten und Freunden und auch mit mir.

Ein Sterbender hatte bis zwei Tage vor seinem Tod nur seine Mutter, eine Krankenschwester und mich zu sich gelassen. Er lehnte seine Geschwister und andere Besucher strikt ab. Dann geschah eine Wende: Er sprach mit seinen Geschwistern und versöhnte sich mit ihnen. Ohne eine ganzheitliche Begleitung, ohne den Respekt gegenüber seinen Wünschen wäre dies nach meiner Überzeugung nicht möglich gewesen: für seine Familie und für mich eine Quelle der Hoffnung in unserer Trauer.

Bei einer Patientin war die Beziehung zu ihrem Mann sehr stark von Aggressivität und „Schulmeisterei" bestimmt. Er konnte ihr nichts recht machen. In den letzten 14 Tagen vor ihrem Tod jedoch ereignete sich auch bei ihr eine Wende: Ausgeglichenheit und zärtliche Nähe zwischen beiden fanden Raum. Ihre Kommunikation war fast nur noch über Augen und Hände möglich, und doch – oder vielleicht gerade so – drückten sich Zärtlichkeit und tiefe Vertrautheit aus: für den Ehemann ein entscheidender Halt in seiner Trauer.

Besonders intensiv erlebte ich diese Reifung bei einem 16jährigen und seiner Familie. Wir lernten uns im Krankenhaus kennen. Die Erkrankung wurde immer aggressiver, und die Ärzte überlegten mit ihm und seinen Eltern, wie er zu Hause, in seinem Dorf, seinen letzten Lebensabschnitt leben könnte. Die Grundpflege, ärztliche und soziale Begleitung wurden abgesprochen. Unser Hospiz-Team beteiligte sich durch regelmäßige Besuche. Es waren Wochen voller Tiefs und Hochs. Manchmal waren die Blutwerte plötzlich etwas besser, und sogleich schmiedete der Junge wieder Pläne, was er mit uns alles unternehmen wolle. Ging es ihm wieder schlechter, waren Streicheln und Massieren die einzigen Brücken.

Für ihn und für mich wurde sein Fahrrad zu einem wichtigen Symbol. Er überlegte mit mir die Bedeutungen der einzelnen Teile eines Fahrrades: die Nabe – Mitte, Zentrum; und wir entdeckten den Unterschied zwischen Egoismus und der Erfahrung: „Ich bin geliebt und liebenswert". Die Speichen – das Verbundnetz durch vertraute Menschen; die Eltern, seine Schwester, die Großmütter, Verwandte, Freunde, Schwestern und Ärzte von der Station und wir vom Hospiz. Die Felge – das schützende und bergende seines Zimmers und des elterlichen Hauses; Schutz durch eine gute Schmerztherapie und Symptomkontrolle, und die Zusage: „Wir lassen dich nicht im Stich".

Diese Betrachtungen und Lebenserfahrungen waren dann auch „seine" Ansprache bei seiner Beerdigung. Er war – in der Wende seines Lebens – zu unserem Lehrer geworden und hat uns beschenkt. Die Familie und Freunde wuchsen durch ihn enger zusammen.

Ich bin überzeugt, daß solche ungeahnten Reifungen des Anstoßes bedürfen, daß sie möglich werden und wachsen, wenn ein Sterbender freundschaftliche, zuverlässige Begleitung erlebt – und hoffentlich in gewohnter Umgebung bis zuletzt leben kann.

8
Signale unterschiedlicher Stationen einer Weggefährtenschaft

8.1
Der Weg ins Sterben – Stufen, Phasen, Gefühle

Der Prozeß eines Sterbens setzt nicht erst im sogenannten Todeskampf ein. Er beginnt mit Ahnungen und Befürchtungen: Welchen Ausgang nimmt meine Krankheit? Da werden Phasen, Stadien oder Stationen unterschieden. Auch der/die Sterbebegleiter/in erlebt diese Unterscheidungen. Ein Überblick über diese Schritte kann helfen, das, was in den Begegnungen erfahren wird, neu zu sehen und in einen gesamten Prozeß einzuordnen. Der Weg des Sterbens kennt deutlich zu unterscheidende Stationen:

✦ Unwissenheit
✦ Unsicherheit
✦ eingeschlossene Leugnung
✦ Wahrheitsfindung (P. Sporken).

✦ Leugnung, Nicht-Wahr-Haben-Wollen
✦ Auflehnung, Zorn
✦ Verhandeln mit dem Schicksal
✦ Depression
✦ Annahme, Zustimmung (E. Kübler-Ross).

✦ Schock: Verneinung oder Panik
✦ Emotionen – Katharsis oder Depression

- ✦ Verhandeln – Feilschen oder Ausverkauf
- ✦ Erkenntnis – realistische Hoffnung oder Verzweiflung
- ✦ Verbindlichkeit – Annahme oder Resignation
- ✦ Abschluß – Erfüllung oder Hilflosigkeit (Nigthswonger).[22]

Jeder sterbenskranke Mensch trägt in sich die Möglichkeit, zu bewußter Annahme seines ganzen Lebens zu reifen. Dieser Reifungsprozeß verläuft nicht geradlinig auf der rationalen Ebene, sondern ist ein dramatischer und leidvoller Prozeß mit vielen Höhen und Tiefen, der sich zunächst vorwiegend im Unbewußten abspielt. Reaktionen und Impulse eines Begleiters können ihn heilsam beeinflussen.

Der dem Sterben nahe Mensch sendet vorwiegend „verschlüsselte Aussagen und Signale". Ein Begleiter sollte auf diese Signale feinfühlig achten und versuchen, sie zu erkennen, zu verstehen und auf sie eingehen. Hierbei erlebe ich einige Verse aus dem alttestamentlichen Buch „Der Prediger" (3. Kapitel) immer wieder als Erinnerung, Orientierung und Hilfe:

> *„Alles hat seine Stunde,*
> *Für jedes Geschehen unter dem Himmel*
> *gibt es eine bestimmte Zeit:*
> *eine Zeit zum Gebären und*
> *   eine Zeit zum Sterben,*
> *eine Zeit zum Pflanzen und*
> *   eine Zeit zum Abernten der Pflanzen,*
> *eine Zeit zum Töten und*
> *   eine Zeit zum Heilen,*
> *eine Zeit zum Niederreißen und*
> *   eine Zeit zum Bauen,*
> *eine Zeit zum Weinen, eine Zeit für die Klage*
> *   und eine Zeit für den Tanz;*
> *eine Zeit zum Steinewerfen und*
> *   eine Zeit zum Steinesammeln,*

eine Zeit zum Umarmen und
eine Zeit, die Umarmung zu lösen,
eine Zeit zum Suchen und
  eine Zeit zum Verlieren,
eine Zeit zum Behalten und
  eine Zeit zum Wegwerfen,
eine Zeit zum Zerreißen und
    eine Zeit zum Zusammennähen,
eine Zeit zum Schweigen und
  eine Zeit zum Reden,
eine Zeit zum Lieben und
  eine Zeit zum Hassen,
eine Zeit für den Krieg und
  eine Zeit für den Frieden. "   (Kohelet 3,1–9)

Alles hat seine Zeit – das heißt nicht: Ich bin diesen Situationen und Seelenphasen einfach nur ausgesetzt, eine Selbstgestaltung ist unmöglich. Alles hat seine Stunde bedeutet auch, daß ich erspüre und begreife, was die Stunde geschlagen hat. Heißt sie Weggefährtenschaft? Heißt sie, dieser Mensch stirbt bald? Geht es hier um einen heilsamen Reifungsprozeß, sowohl für den Sterbenden als auch für den Begleitenden?

Wenn ich als Begleiter weiß, wie es um den Patienten steht, kann ich in ein Dilemma geraten: Der Patient möchte – voller Hoffnung auf Leben – über seine irdische Zukunft sprechen, ich möchte es lieber vermeiden. Da kann mein Wissen, wie es mit dem Menschen steht, eine ehrliche Begegnung sehr belasten und erschweren. Ich stehe vor der Frage, wie bringe ich dem auf den Tod Kranken den Gedanken an sein Sterben und an eine not-wendige Vorbereitung nahe? Ich persönlich bin überzeugt, daß dies nur möglich ist durch behutsame Wahrhaftigkeit. Das heißt zunächst: die Erfahrung vermitteln, daß ich wirklich da bin, daß ich ganz Ohr bin und mich bemühe, alle Signale des andern wahrzunehmen und in Worte zu fassen. Nur die verläßliche Erfahrung bedingungsloser Nähe kann Brücke zur Wahrhaftigkeit sein.

Als Seelsorger bin ich gleichsam auch Chiffre für Kirche und Gott. In der äußersten Lebenskrise können allerdings auch sie zur großen Frage werden. In der Begegnung mit einem Seelsorger kann jedoch zugleich Sehnsucht wach werden nach einem vielleicht lange entbehrtem Geborgen- und Aufgehobensein, zugleich aber auch Furcht und Angst vor Strafe oder Abgewiesenwerden. Der Betroffene selbst sollte alles aussprechen können, was sein Herz bewegt. Meine Aufgabe sehe ich dabei darin, mitmenschlicher, freundschaftlicher Weggefährte zu sein und dem Menschen auf der Grenze allen Raum zu geben, in dem er seiner Lebensgeschichte noch einmal begegnen und sich mit ihr gänzlich versöhnen kann.

Dieser Station folgt häufig noch einmal eine ganz große Unsicherheit, die kaum heilsam durchlitten werden kann ohne einen Gesprächspartner, dem der Kranke seine Angst, sein Hin-und-her-gerissen-Sein mitteilen kann. Denn ein schier unzerstörbarer Lebenswille oder eine noch immer unannehmbare Todesangst provoziert immer und immer wieder die Frage: „Habe ich eine wirklich heilbare Krankheit, oder: Steht es wirklich so schlimm um mich?" Diese Fragen wollen keine Fakten als Antwort. Der Fragende signalisiert mir emotional seine Hoffnung: Ich habe doch sicher keine schlimme, bösartige Krankheit. Seine Erwartung an meine Antwort heißt: Nein.

Es scheint mir wichtig, daran zu erinnern: Wahrheit kann *gefunden*, kann schrittweise *entdeckt* werden. Wahrheit schließt jedoch immer ein, daß ich das, was ich sage, als wahr vermittle und mich nicht gezwungen fühle, endlich die ganze Wahrheit zu sagen. So ist die Erwartung des Patienten, von mir nicht ein radikales Ja, sondern ein Nein zu hören, berechtigt, – und ich kann das Ja oder Nein umgehen, indem ich beispielsweise meine emotionalen Empfindungen als freundschaftlicher Begleiter in Worte fasse wie: „Ich erlebe dich auf deiner schmerzlichen Wegstrecke sehr ambivalent. Ich höre deine Sorge, daß diese Krankheit einen bösen Ausgang nehmen kann, und höre zugleich auch die Hoffnung, es möge doch alles gut werden."

Phase des Schocks

Bei dieser gemeinsamen Weggeschichte kann ich dann eine Station erleben, die ich mit Schock beschreibe. Der Erkrankte erlebt sich von der auf ihn hereinbrechenden Wirklichkeit wie „umgehauen". Diese Wirklichkeit kann zum Beispiel die Information sein, eine Operation sei „nicht mehr" möglich. Oder, diese Wirk-lichkeit kann sein: Er wacht nach seiner Operation auf und befindet sich nicht in seinem alten Krankenzimmer – wie er vermutet hat –, sondern auf einer Wach- oder Intensivstation. Oder , eine solche Wirklichkeit kann auch sein: Der Arzt sagt ihm, er habe dieses Krankheitsbild in diesem oder jenem Stadium. Ein Mensch im Schock verliert den Sinn für die Realität. Er reagiert unkontolliert und panisch. Eine Schocksituation bewirkt meist auch die Unfähigkeit, noch zuhören zu können. Ein geschockter Mensch ist taub und stumm. Er ist über gewohnte Kommunikationsebenen nicht erreichbar.

Für mich lautet deshalb die – aus vielen Erfahrungen gewachsene – These: Wer nicht (mehr) hören kann, kann noch fühlen. Einen Menschen, den die Wirklichkeit „umgehauen" hat, der geschockt ist, der „zu" ist, erreichen keine verbalen Botschaften. Vielmehr: Berühren und Präsentsein, Spürenlassen des „Ich bin bei dir" können eine Brücke sein. Nähe zeigen, den Kontakt suchen über die Haut, – Berührung ist Überbrückung und wirkt wie gute Medizin. Die Afrikaner sagen es so: Die beste Medizin ist der Mensch.

Geht der sterbenskranke Mensch dann seinem Weg

weiter, ist die nächste Station häufig die Erfahrung, angefüllt zu sein mit Emotionen. Er fühlt sich umgetrieben von Wut, Zorn, Überdruß, Mißtrauen und Aggressivität – Klage.

Phase der Klage

Dieses Verhalten stellt für jeden Begleiter eine harte Konfrontation dar. Die angestauten Emotionen gleichen einer vollen Tasse. Wer käme auf die Idee, in eine volle Tasse noch etwas hineinzugießen? Die Klagen des Patienten, die uns treffen, signalisieren nach meinem Empfinden gleichsam das Überlaufen, das Zuviel, das Übermaß des Annehmbaren: „Warum gerade ich?" – oder: „Was soll das Medikament? Es hilft doch sowieso nichts mehr! Ich will nicht!" – oder: „Was wollen Sie eigentlich hier? Es ist alles umsonst. Keiner hilft mir." Der/die so Angesprochene steht leicht in Gefahr, dem Klagenden, der zu schreien wagt, ein Pflaster auf den Mund zu kleben. Zwei Beispiele:

(1) „Das halte ich nicht mehr aus. Wo ist er nun, Ihr Gott?" Und ich könnte (verteidigend/zurückweisend) antworten: „Wir müssen alle mehr auf Gott bauen, er ist wirklich da."

(2) Eine Sterbende spricht die Krankenschwester vorwurfsvoll an: „Was soll das noch, kein Medikament hilft mir. Die können Sie wieder mitnehmen!" Und die Schwester könnte (mit einer Gegenklage) antworten: „Wenn Sie die Medikamente nicht nehmen, können sie auch nicht helfen."

Meine Erfahrung mit dem Tode nahen Menschen in diesem Wegabschnitt lautet: Eine verhinderte Klage behindert das Leben.

Wir hören in jedem menschlichen Leben Klagen

und kennen sie auch im eigenen, ob sie sich nun an Menschen oder an Gott richten. Wie heftig konnten die Beter der Psalmen klagen, Gott verklagen. So schreit der Psalmist:

> *„Mein Gott, mein Gott,*
> *warum hast du mich verlassen,*
> *bist fern meinem Schreien,*
> *den Worten meiner Klage?*
> *Mein Gott, ich rufe bei Tag,*
> *doch du gibst keine Antwort;*
> *ich rufe bei Nacht und*
> *finde doch keine Ruhe!"*   (Psalm 22,2–4)

Klagen sind Ausdruck menschlichen Erlebens und Lebens. Klagen zu verbieten, zurückzuweisen – sich selbst oder einem anderen gegenüber – hieße, einen Menschen und seine Wahrheit, sein Empfinden und Leiden nicht ernst zu nehmen, zu beschneiden.

Ich begleitete einen Patienten und hatte ihm und seiner Frau versprochen, da zu sein, wenn es zum Sterben komme und in den Stunden danach. So haben wir dann auch gemeinsam den verstorbenen Ehemann gewaschen, angezogen und aufgebahrt. Wir beteten gemeinsam, und ich half ihr, Abschied zu nehmen. Sie gab ihrem Mann noch seinen Rosenkranz und einen kleinen Blumenstrauß in die Hände. Nach einer Pause sagte sie zu mir: „Ich mache uns Kaffee." Wir gingen in die gute Stube. Sie goß den Kaffee ein, wir setzten uns, und plötzlich sehr erregt, sprang sie auf, so daß der Stuhl umfiel und schrie laut: „Wie kann Gott das zulassen?" Und im nächsten Moment schlug sie die Hände vor den Mund, und nach einer Pause entschuldigte sie sich bei mir: „Das darf ich doch nicht sagen."

Hier wird sehr deutlich, was es heißt: Eine verhinderte Klage behindert das Leben. Klage will sich äußern, will nach außen, will ankommen. Diese Frau „lief über" von Not und brauchte ein Du zur Ansprache, zum Loswerden, zum Entleeren. Eine Antwort:

„Genau dies ist jetzt Ihr Gebet. Es ist gut, daß Sie es herrausschreien können."

Ärger, Wut und all die Aggressionen der Sterbenskranken richten sich gegen viele Personen: gegen die Schwestern, sie machen alles falsch, gegen die Ärzte, sie sind doch viel zu jung, gegen den Seelsorger als „Vertreter" Gottes, der auch nicht hilft. Verhindern wir die Klagen nicht. Nehmen wir sie nicht persönlich – als Vorwurf, sonst wäre die Versuchung nah, daß wir dem Kranken ausweichen, ihm aus den Weg gehen oder uns verteidigen und ihn dadurch zurückweisen. Der Klagende braucht uns, ja, Klage ist eine Form seiner Zu-neigung: ‚Dir traue ich zu, daß du mich auch in meiner Klage annimmst.' Kann die Klage nicht heraus, muß sie sich nach innen wenden. Schuldgefühle, Scham sind dann oft die Folge. Nach innen gewandte Aggressivität blockiert oder verzögert die persönliche Reifung zum Sterben hin.

Auch das Angebot der Heilszeichen (Sakramente) in dieser Phase des Leidens halte ich für gefährlich und nicht angebracht. Hilfreich kann ein Gebet sein, in dem Auflehnung und zugleich Hoffnung Platz haben, oder das Angebot, gemeinsam auf Verse aus den Psalmen zu hören und sich selbst in ihnen wahr- und anzunehmen.

Jeder Mensch, jeder Kranke hat ein Recht auf seine Klage. Er kann nicht weiterkommen, Neues aufnehmen, wenn er seine Klagen nicht loswerden kann. Setzen wir diesen Weg fort, so möchte ich eine Haltung besonders hervorheben: tastendes Suchen.

Phase tastenden Suchens

Der Patient spürt die Treue, die Belastbarkeit und das suchende Mitgehen des Gegenüber. Es kommen Fragen nach dem Sinn und nach der Schuld. Wie gehe ich auf diese Fragen ein? Meine Erfahrung lautet:

*Nicht für, nicht über, sondern mit dem Kranken be-
hutsam, tastend einen ihm möglichen Weg suchen.*

Kommunikation im Krankenhaus, im Altenheim
oder in der ambulanten Pflege ist häufig davon geprägt, daß sie *für* einen Patienten und *über* ihn ab-
läuft. Kommt es zur Arztvisite, oder gibt es Besuch
von Freunden oder Verwandten, erleben Patienten,
wie häufig an ihnen als Person und Mensch vorbei
und wie vielmehr *über* sie und *über* ihre Krankheit gesprochen wird, – wie die Einsamkeit in und trotz der
Anwesenheit anderer noch größer und schmerzlicher
sein kann.

Ich selbst habe sehr viel Lehrgeld gezahlt. Wie oft
habe ich *über* einen anderen Menschen gesprochen,
wie oft habe ich *für* einen anderen Menschen gesprochen und erlebe es bis heute als Versuchung, dies immer wieder zu tun. Wenn ein Patient beispielsweise
sagt: „Sie können das doch genau erklären. Durch
Ihre Tätigkeit als Klinikseelsorger haben Sie eine
Menge Erfahrungen. Ich verlasse mich da ganz auf Ihr
Wort." Wie nahe liegt es da, mich bei einem solchen
Wort nehmen zulassen, d. h.meine Ansichten auszu-
breiten, meine Gedanken und Ideen vorzulegen – und
zugleich dem viel heilsameren gemeinsamen Suchen
auszuweichen, letztlich mir selbst und dem Ratsuchenden im Wege zu stehen.

Phase tiefer Trauer

Der weitere Wegabschnitt sucht das Annehmen des
eigentlich Unannehmbaren und zugleich: das Leben
noch bis zuletzt, auch das Sterben zu gestalten. Zu
diesem Tasten und Suchen gehört meist auch der Weg
in die Lebensvergangenheit, um die Gegenwart zu be-
frieden. Den inneren Frieden finden – das hat sehr viel
und meist alles zu tun mit Loslassen, Abschied nehmen. Und Abschied hat eine Zwillingsschwester: die

Trauer. Trauer will leben, will sich ausdrücken, sie will empfunden, durchlebt und begleitet werden.

Dieser Phase der Trauer sollte sich jeder Begleiter mit sehr viel Feingefühl und Ausdauer stellen. Fällt sie aus, weil niemand die Stimmen und Signale der Trauer hört und sieht, wird die Trauer verdrängt oder behindert, flüchtet sich die Seele und der Schmerz Betroffener in die Apathie oder Depression: Eine nicht vollzogene Trauer ist das Tor zur Depression.

Mit einem Kranken Trauerwege zu gehen kann äußerst anstrengend und mühsam sein, vor allem für Angehörige. Denn diese Wege gehen oft als Erinnerungen zurück in die vielleicht gemeinsame Geschichte, zurück zu ganz konkreten Orten, Erlebnissen, Begegnungen, Dunkelstunden oder Hoch-zeiten. Für einen vertrauten Wegbegleiter bedeuet dies angesichts des bevorstehenden Abschieds, sich der Wahrheit zu stellen, vielleicht nie Gesagtes zu hören oder selber auszusprechen, loszulassen und – wenn nötig – zu vergeben. Da können sich Hindernisse entgegenstellen, diesen Trauerweg mit dem, der ihn als dem Sterben Naher gehen will, wirklich mitzugehen. Eines habe ich immer wieder erfahren dürfen: Die Schritt für Schritt geschaute Wahrheit macht wirklich frei, erlöst, befriedet, versöhnt, lindert den Abschied.

Ein anderes Hindernis wäre, wenn von medizinischer Seite her in erster Linie alles getan wird, um ein Leben zu verlängern und mit dem Betroffenen nicht offen und persönlich gesprochen wird, sondern für ihn und über ihn hinweg fraglos medizinische Maßnahmen angeordnet und durchgeführt werden.

Ich möchte an dieser Stelle noch einmal das Problem der Sterbehilfe und der Sterbebegleitung in Erinnerung rufen. Die Forderung nach aktiver Euthanasie und – damit verbunden – der Gedanke, einen Menschen aus Mitleid zu „töten", wirken auf viele unserer Mitmenschen plausibel, weil sie darin eine Möglichkeit und Hilfe sehen, einen Sterbenden aus seiner

Aussichtslosigkeit zu befreien. Diese „erlösende" Tat ist keine wirkliche Hilfe, sondern ein Akt, der eine Person vernichtet. Ich stelle – aus zahllosen Erfahrungen der Sterbebegleitung die weitaus näherliegende Frage: Erwartet ein Sterbender nicht die „erlösendere" Hilfe durch optimale Schmerztherapie, durch menschliche Zuwendung und durchgehaltene Nähe der Mitbetroffenen? Genau dies erhoffen sich Sterbende. Rufen sie nach der erlösenden Spritze, so muß ich ergänzen: Wenn mit Menschen, die aus ihrer Not und Verzweiflung heraus einen solchen Wunsch äußern, gemeinsam überlegt wurde, wie sie bis zuletzt noch menschenwürdig leben könnten, waren Euthanasiewünsche für sie kein Thema mehr.

Im Klartext: Aus meinen Erfahrungen bedeutet der Gedanke der aktiven Euthanasie nicht Erlösung, sondern eine Blockade menschenwürdiger Hilfestellung. Es ist letztlich inhuman, Sterbende im Stich zu lassen: „Es war für alle Beteiligten besser so – Jetzt hat er (und wir) seine Ruhe." Gerade bei dieser schweren Wegstrecke der Trauer und der Endgültigkeit braucht jeder Mensch einen einfühlsamen Begleiter, der ihn wahrnimmt, annimmt und ihn spüren läßt: Du bist nicht allein.

Dieser begleitende Dienst ist Aufgabe der Angehörigen, der Freunde, der Seelsorger(innen), des Pflegepersonals und der Ärzte. Aus meiner Sicht ist für eine Sterbebegleitung von großer Bedeutung, daß alle diese Bezugspersonen voneinander wissen, und was läge näher, als daß sie miteinander gleichsam ein interdisziplinäres Team bildeten? Geht es doch einem Sterbenden vor allem darum, den Weg und die Fähigkeit zu finden, sein Leben und sein Sterben anzunehmen – den eigenen Tod. Dazu bedarf es jedoch – zwar ganz gewiß und auch, aber nicht allein – der Mit-Menschlichkeit, der emotionalen Aufmerksamkeit und Zuwendung aller Begleiter.

„Nimm deinen Stab und geh!"

Was anderes könnte das Ziel des Weges und der Sterbebegleitung sein, wenn nicht Verwandlung: „Nimm deinen Stab und geh!" Dieses Wort habe ich so oft als Geschenk vieler Begleitungen erlebt. Es lehnt sich an die Geschichte Abrahams an, der aufbrach, seinen Stab nahm und voller Vertrauen seinen Weg ging. Er ging ihn und erlebte Verwandlung.

So kann ich auch von vielen Begegnungen ähnlicher Art berichten, mit Menschen, die ihren Weg entdecken und zu Ende gehen konnten:

+ über das Hören und Sprechen,
+ über das Klagen und Schreien,
+ über die Erfahrung, einbezogen zu sein in ein Suchen,
+ über das An- und Ernstgenommensein und ein würdiges Selbstwertgefühl,
+ über den inneren und gemeinsamen Weg der Trauer, durch dunkle Täler hindurch.

Für mich als Begleiter war es eine Quelle der Hoffnung und der Wandlung. Folgende Psalmverse möchten Bilder zeigen, die auch heute auf jeden Kranken zutreffen können:

> *„Herr, ich suche Zuflucht bei dir.*
> *Laß mich doch niemals scheitern;*
> *rette mich in deiner Gerechtigkeit!*
> *Wende dein Ohr mir zum*
> *erlöse mich bald!*
> *Sei mir ein schützender Fels,*
> *eine feste Burg;*
> *um deines Namens willen*
> *wirst du mich führen und leiten.*
>
> *Du wirst mich befreien aus dem Netz,*
> *das sie mir heimlich legten;*
> *denn du bist meine Zuflucht.*

In deine Hände lege ich voll Vertrauen
*   meinen Geist;*
du hast mich erlöst, Herr, du treuer Gott. (...)
Ich will jubeln und über deine Huld mich
*   freuen:*
denn du hast mein Elend angesehn,
du bist mit meiner Not vertraut.
Du hast mich nicht preisgegeben
der Gewalt meines Feindes,
hast meinen Füßen freien Raum geschenkt.
*   (...)*

Gepriesen sei der Herr,
der wunderbar an mir gehandelt
und mir seine Güte erweisen hat
zur Zeit der Bedrängnis.
Ich aber dachte in meiner Angst:
Ich bin aus deiner Nähe verstoßen.
Doch du hast mein lautes Flehen gehört,
als ich zu dir um Hilfe rief."   (Aus Psalm 31)

8.2
Tiefe Erfahrungen
des Gebens und Nehmens

Das Geben und Nehmen ist in der Sterbebegleitung etwas Großes. In einer solchen Weggemeinschaft kann es vordergründig so aussehen, als ob der Begleiter der Gebende und der Patient der Nehmende sei. Aus meiner Sicht trifft dies nicht zu. Menschen, die sich in der Sorge für Sterbende engagieren, sind immer auch Empfangende und Beschenkte. Beide aber – der Kranke und sein Begleiter, die einander diese Weggefährtenschaft zumuten, entdecken diesen Tausch, ja diesen Austausch von Glaube und Zuversicht, den Wechsel von Tränen und Lachen, diesen Austausch und Tausch von Festhalten und Loslassen, von Gelassenheit und Verzweiflung.

In der Begleitung eines Sterbenden erlebe ich als Weggefährte (und Seelsorger) selbst eine manchmal wunderbare Hoffnungsgeschichte. Wenn ich erspüren kann, daß da, wo ich jetzt bin, ein Weg ist. Wenn ich nicht nur glaube, sondern erfahre, daß die gute Nachricht Jesu auch heute gilt: „Ich bin der Weg und die Wahrheit und das Leben" (Johannes 14,6).

Dieses Kapitel abschließend, möchte ich zehn „Ratschläge eines Sterbenden an seinen Begleiter", seine Freunde, seine Engvertrauen weitergeben (aus dem Englischen; genaue Quelle unbekannt):

✦ *Laß nicht zu, daß ich in den letzten Augenblicken entwürdigt werde.*

✦ *Das heißt: Laß mich, wenn es irgendwie einzurichten ist, in der mir vertrauten Umgebung sterben. Das ist schwerer für dich. Aber es wird dich bereichern, Sterbebegleiter zu sein.*

✦ *Bleibe bei mir, auch wenn mich jetzt Zorn, Angst, Traurigkeit und Verzweiflung heimsuchen. Hilf mir, durch sie hindurch meinen Frieden zu finden.*

✦ *Denke nicht, wenn es soweit ist und du dann ratlos an meinem Bett sitzt, ich sei tot. Das Leben dauert länger, als die Ärzte sagen. Der Übergang ist langwieriger, als wir bisher wußten. Ich höre alles, was du sagst, auch wenn ich schweige und meine Augen gebrochen scheinen. Darum sage jetzt nicht irgend etwas, sondern das Richtige. Du beleidigst nicht mich, sondern dich selbst, wenn du mit deinen Freunden belanglosen Trost erörterst und mir dadurch zeigst, daß du in Wahrheit nicht mich, sondern dich selbst bedauerst, wenn du nun zu trauern beginnst. So vieles, fast alles ist jetzt nicht mehr wichtig.*

✦ *Das Richtige, was du mir jetzt sagen möchtest, wenn ich dich auch nicht mehr darum bitten kann, ist das, was es mir nicht schwerer, sondern leichter macht, mich zu trennen, denn das muß ich. Ich wußte es auch längst, bevor du oder der Arzt es mir mit euren verlegenen Worten eröffnet habt. Also sag mir, daß ihr auch ohne mich fertig werdet. Zeig mir den Mut, der nehmen kann, was und wie es ist, nicht den haltlosen Schmerz. Mitleid ist nicht angebracht. Jetzt leide ich nicht mehr. Sag mir, was du mit den Kindern vorhast und wie du dein Leben ohne mich einrichten wirst. Glaube nicht, es sei herzlos, darüber jetzt zu sprechen. Es macht mich freier.*

✦ *Das Richtige, was du mir jetzt sagen könntest, wenn ich dich vielleicht auch nicht mehr darum bitten kann, ist das Wort, aus dem ich gelebt habe. Wenn nichts mehr bleibt vom Leben auf der Erde, so ist es doch dieses Wort. Vielleicht war es ein einziger Bibelvers, aus dem wir lebten ein Leben lang, ein einziger, der unser Suchen jetzt zusammenfaßt. Versuche, ihn zu finden und mir ins Ohr zu sagen. Ich höre dich.*

✦ *Ich höre dich, obwohl ich schweigen muß und nun auch schweigen will. Halte meine Hand. Ich will es mit der Hand sagen. Wisch mir bitte den Schweiß von meiner Stirn, streich die Decke glatt. Bleib bei mir, wir sind miteinander verbunden, – das ist das Sakrament des Sterbebeistands. Wenn nur noch die Zeichen sprechen können ..., so laß sie sprechen.*

✦ *Dann wird auch das Wort zum Zeichen. Jetzt kannst du mehr von mir lernen als ich von dir. Ich blicke schon durch die Tür. Jetzt, da ich weggehe, wünsche ich, daß du beten kannst. D. h., daß du das Gute erkennst, daß Gott uns jetzt schickt. Klage nicht an, es gibt keinen Grund. Sage Dank – ich werde Gott* schauen. Und dir wird es auch geschenkt werden. Morgen, wenn sie dich nicht mehr allein lassen mit mir, sorge dafür, daß der Ton dieser Stunde zwischen uns nicht verlorengeht.

✦ Und wenn dir mein Sterben ferner und ferner rückt, die letzten Kondolenzbriefe beantwortet sind, und du, wie es jedermann erwartet, in Trauer verharren willst, so wehre dich mit aller Kraft. Das viele Trauern in der Welt ist eine Seite unseres Unglaubens, und das Schlimmste ist, daß gerade so viele Christen Ernst mit Traurigkeit verwechseln und von der Sonne singen, ohne sie zu leben. Du sollst wissen, daß ich der Auferstehung näher bin als du selbst.

✦ Nimm in dein Leben mit, was wir zusammen erlebt haben, als ein kostbares Vermächtnis. Laß mein Sterben dein Gewinn sein. Lebe dein Leben fortan ein wenig bewußter als dein Leben vor dem Tod. Und es wird schöner, reifer und tiefer, inniger und freudiger sein, als es war vor meiner letzten Stunde, die meine erste ist.

9

Wenn in den Angehörigen und Begleitern etwas stirbt

Die Aufzeichnungen dieses Buches sind nur persönlich möglich. Ich bin in viele Begegnungsgeschichten neu eingetaucht – habe mich selber – um der „Sache" und der Menschen willen – dabei nicht verborgen, habe Dinge von mir preisgegeben und mich dadurch auch verletzlich gemacht. Habe ich dadurch gegen die Spielregeln eines Autors verstoßen?

Angehörigen von Kranken und Sterbenden wird es in noch intensiverer Weise ähnlich gehen. Das Sterben eines vertraut gewordenen und oft über viele gemeinsame Jahre Vertrauten bedeutet immer auch ein Sterben in uns selbst. Ich fühle mich betroffen als der, für den die tödlichste Gewißheit auch seines Lebens heißt: Auch du mußt sterben. Sterben – der Zusammenbruch einer Welt von lebendigen Bezügen, menschlichen, freundschaftlichen, liebenden Beziehungen, die meine Person ausgemacht, die mich im Leben getragen und – wenn's gut geht – erfüllt haben.

Sterben heißt auf unwiderrufliche Weise: endgültig loslassen, und Angehörige „sterben mit". Immer sind die Frau, der Mann, die Kinder, der Freund zutiefst mitbetroffen: In ihnen stirbt etwas, eine vertraute Welt bricht zusammen. So geschieht der Dienst einer Begleitung beim letzten Lebensabschnitt eines Menschen in drei Richtungen:

- ✦ als Begleitung dieses einmaligen, unverwechselbaren, konkreten sterbenden Menschen,
- ✦ als Achtung, Sorge und Begegnung gegenüber und mit den begleitenden Personen,

✦ als Begegnung und – wenn erwünscht – Begleitung auch der Angehörigen, die besonderer Aufmerksamkeit bedürfen.

9.1
Die totale Provokation des Sterbens

Ihr Betroffensein trifft sie in allen Dimensionen ihres
Menschseins.

(1) Das Sterben des Vaters zum Beispiel beansprucht
die körperliche Dimension; die Besuche und die
Pflege erfordern oft auch ein ungewohntes *physisches*
Engagement.

(2) Der letzte Lebensabschnitt eines Vertrauten bedeutet nicht weniger, daß das *soziale, familiäre Gefüge*
wie selten zuvor herausgefordert wird. Das Hauptau-
genmerk gilt – oft über lange Zeit – dem Schwerkranken und Sterbenden. Diese Aufmerksamkeit und Zuwendung geht nicht selten und not-gedrungen zu
Lasten der anderen. Besonders intensiv muß dies
beim Sterben eines Kindes in einer Familie spürbar
werden, wenn ein Geschwisterkind nicht nur den Verlust des Bruders oder der Schwester leidvoll erfahren
muß, sondern auch bereits vorher, wenn es auf viel
Aufmerksamkeit und Zuwendung zu verzichten hat.

(3) Stark betroffen ist die *psychische* Kraft und Belastbarkeit der Angehörigen. Manchmal bitter quälende
Fragen, Schuldgefühle oder Selbstvorwürfe erschweren die ohnehin notvolle Erfahrung, Abschied nehmen zu müssen: Wie kann ich noch Unbefriedetes
mit meiner Mutter, meinem Mann, meinem Kind,
meinem Vater, meiner Frau in Ordnung bringen?

175

(4) Auch die religiöse Dimension ist mitbetroffen. Die Begleitung eines sterbenden Verwandten trifft auch den Glauben. Zweifel und bohrende Fragen werden spürbar und hörbar: Was ist das für ein Gott, der diesen wertvollen Menschen so qualvoll, so früh, so sinnlos sterben läßt? Was ist das für ein Gott, der mir das Liebste nimmt, was ich im Leben habe?

9.2
Die Nöte Angehöriger

Die meisten Schwerkranken möchten nicht pflegebedürftig werden und auf andere Menschen angewiesen sein. Sie wollen niemandem zur Last fallen. Nicht selten wehren sich auch die Angehörigen, fühlen sich überfordert und haben keine Zeit und Kraft. Oft sind es dann die Frauen, denen die Aufgabe der Pflege wie selbstverständlich zufällt. Und auch sie fühlen sich oft unsicher, ob sie auch alles richtig machen und nichts versäumen.

Aber auch dies ist eine nicht seltene Erfahrung der Angehörigen: Pflegebedürftige sind auf sich selbst bezogen, erwarten wie selbstverständlich eine ständige Bereitschaft ihrer Angehörigen und sehen in ihnen die ersten und belastbarsten Bezugspersonen.

Angehörige bedürfen in solchen schweren Situationen der Hilfe und Entlastung. Sie brauchen Halt, Unterstützung, Menschen und Gelegenheiten, um klagen, um sich entlasten und anlehnen zu können. Das sollte in der Sterbebegleitung nicht übersehen werden, sind doch – häufig von einem Tag auf den anderen – die Nöte dieser Menschen eine ungeheure Herausforderung:

Existenzbedrohung

Eigentlich sollte Geld keine Rolle spielen, wenn schwere Krankheit den Mann und Vater heimsucht; aber wenn Arbeitsunfähigkeit und/oder Arbeitslosigkeit drohen, kann die Not beängstigend groß sein. Existenzbedrohung auch dann, wenn die Frau und Mutter schwer erkrankt. Der Mann fühlt sich nicht selten hilflos gegenüber den häuslichen Aufgaben und sieht keinen Weg für die Betreuung der Kinder. Auch hier können wirtschaftliche Einbußen und Ängste als kaum zu bewältigen erscheinen.

Physische und psychische Kräftebelastung

Die Pflege eines Kranken daheim kann für Angehörige zwar sehr viel neue Nähe bedeuten, aber auch ungewohnte permanente körperliche Belastung, für die Fachschwester und den freiwilligen Helfer dagegen nur punktuell. Ablösung, Entlastung durch sie ist nicht immer regelbar und zuverlässig. Außerdem: Nach der Befindlichkeit des pflegenden Angehörigen wird selten gefragt. Oder: Im Krankenhaus erwartet der Kranke ständig und pünktlich Besuch. Seine Wünsche sind oft groß und ohne Ende.

Die Angst und Empfindsamkeit eines Schwerkranken nehmen manchmal seltsame Formen an. Dabei sind die familiären Beziehungen ein wichtiger Punkt. Wenn es vorher Beziehungsprobleme gab, die nicht gelöst wurden, können sie sich jetzt verschärfen, und alte Konflikte treten vielleicht stärker auf als je zuvor.

Oder: Die Pflege kann sehr schwer werden, wenn es an positiver Einstellung zum älteren Menschen oder Schwerkranken fehlt. Oder: Woher nimmt ein Ehepartner die Kraft und Motivation der Zuwendung – außer der Grundpflege, wenn sie sich innerlich längst getrennt, wenn sie sich vorher kaum mehr etwas zu sagen hatten? Oder: Was kann ein Kind seinen Eltern geben, wenn sie selten oder nie Zeit für es gehabt haben, sondern meist für ihre berufliche Karriere lebten?

Zeitliche Beanspruchung

Sehr viele Pflegebedürftige benötigen einen 24 Stunden-Dienst. Regelmäßiges Zur-Verfügung-Stehen bedeutet nicht selten Einsamkeit des Pflegenden, Zerrissenheit, denn der Berufsalltag ruft ihn/sie und zugleich möchte er/sie dem Familienmitglied zur Verfügung stehen. Besonders schwerwiegend ist es, wenn (vor allem) Töchter oder wenn Söhne das Gefühl haben, nicht oder nicht mehr ihr Leben leben zu können. Ein echtes Dilemma lautet oft: Was ist jetzt wichtiger, wie entscheide ich mich? Und dies oft über Jahre, über lange Zeit. Angehörige fühlen sich so von einer nicht beeinflußbaren Krankheit und ihrem Verlauf total fremdbestimmt. Sie können nicht (mehr) ihrem eigenen Lebensrhythmus und -willen folgen.

All dies bedarf der Aufmerksamkeit, der freundschaftlichen und verständnisvoll entlastenden Begleitung.

Liebesverlust und sexuelle Entbehrung

Hier ist ein Unterschied bei Frauen und Männern zu beobachten. Die Bedürftigkeit der Frau kann – wenn ihr Mann erkrankt oder gar ins Krankenhaus gehen muß – eher durch eine Atmosphäre der Zärtlichkeit, Zuwendung und Geborgenheit befriedigt werden. Dabei kommt es sehr auf die Intensität erfahrener Liebe in der Familie an (Liebe als eine Art Gewißheit).

Wenn die Frau erkrankt oder den Raum der Familie oder Partnerschaft verlassen muß, sucht der Mann die Entbehrung der Nähe eher in Aktivitäten zu kompensieren. Frauen können – so meine Beobachtungen – die Ängste der Trennung, ob zeitlich überschaubar oder ungewiß – eher zulassen.

Trennungsängste

Mit dem – durch Krankheit, kranksheitsbedingte räumliche Trennung oder gar durch nahes Sterben verbundenen – Liebesverlust ist auch so etwas wie eine kindliche Urangst verbunden. Hier ist jedoch immer die Beziehung zum Kranken oder Sterbenden entscheidend.

Zum Beispiel wird eine unverheiratete Tochter, die noch bei ihren Eltern wohnt, in einer ganz anderen Art und Weise betroffen sein als die Tochter oder der Sohn, die/der schon lange in einer eigenen Familie lebt, vielleicht in einer ganz anderen Stadt.

Auch die Aufgabenverteilung in einer Familie spielt beim Loslassen, beim Abschiednehmen eine große Rolle. Hat der Mann alle organisatorischen Aufgaben über Jahrzehnte im Alleingang erledigt, steht seine Frau plötzlich vor einem schier unübersteigbaren Berg von Verantwortung und Aufgaben. Diese Herausforderung, die alleinige Verantwortung des Lebens in die Hand zu nehmen, kann so bedrohlich sein, daß sogar Suizidgedanken auftauchen können. Wie kann in der Kürze der Zeit und unter einem solch enormen psychischen, emotionalen Druck – wenn vorher nicht geübt – Selbständigkeit „nachgeholt" werden? Trennungsangst ist allzu menschlich, aber die Herausforderung kann sich unlösbar, übermächti anfühlen. Wer bedarf da nicht der Hilfe, der Unterstützung und Begleitung?

Trauer und Schuldgefühle

Die Schritte des Loslassens und Abschiedsnehmens muß der Angehörige mit dem Sterbenden gehen. Da ist es gut, wenn vorbereitende Trauer geschieht. Durch die Bedrohung des Todes kann aber auch deutlich werden, was im zuvor gemeinsamen Leben fehlgegangen ist. Wenn offene, wahrhaftige und versöhnende Gespräche darüber nicht möglich sind, besteht die Gefahr, daß Schuldgefühle erwachsen oder zurückbleiben.

Schuld gehört zum menschlichen Leben. Wem bin ich nicht alles meine Liebe, meine Aufmerksamkeit, mein Verstehen, mein Vergeben schuldig geblieben? „Wer (hier) ohne Sünde ist, werfe den ersten Stein ...!" Schuld*gefühle* – Selbstvorwürfe, Selbstverurteilungen – und Schuld müssen aber unbedingt voneinander getrennt werden. Der plötzliche Tod vor allem eines Nahestehenden ist hinsichtlich Schuld und Schuldgefühlen daher besonders belastend, wenn eine Auseinandersetzung und „Erlösung" nicht stattfinden konnte.

Ich kann jedoch die Erfahrung weitergeben, daß eine schwere Erkrankung und mehr noch das Sterben gleichsam der Schlüssel sein kann, Versäumtes in Ordnung zu bringen, – wenn wir den Mut haben, unsere Gefühle und Wünsche zu zeigen.

Todeswünsche und Haß

Ist so etwas möglich? Ja, da will beispielsweise eine Frau ihrem Mann alles heimzahlen, was er ihr – wie sie fühlt und meint – das ganze Leben angetan hat. Eine typische Reaktion dieser Frau wie: „Daß er jetzt anders ist, davon hab ich jetzt nichts mehr!"

Eine schwere Last und Quelle seelischen Leids ist ein nicht eingestandener und noch einzugestehender

Haß, der sich – sich selbst ent-schuldigend und die negativen Gefühle zugleich verharmlosend – so äußern kann: „Hoffentlich hat er's bald geschafft!", verbunden mit einer starken Zuwendung und herzlichen Zuneigung.

All diese physischen und psychischen Nöte und Belastungen machen deutlich, welche Kränkungen und Herausforderungen in der komplizierten Situation pflegender und Abschied nehmender Angehöriger geschehen können. Ihre Situation gilt es sehr aufmerksam wahrzunehmen und ernst zu nehmen. Erfahren Angehörige Hilfe und Unterstützung, Verständnis und Begleitung, erreicht dies zugleich auch den Patienten und Sterbenden.

Der die Angehörigen begleitende Dienst insbesondere hinsichtlich des Abschiednehmens und der Trauer vollzieht sich in drei Schritten: (1) vorbereitende Trauer, (2) begleitende Trauer und (3) nachbereitende Trauer.

9.3
Der Weg des Abschieds und der Trauer

Vorbereitende Trauer meint, dem/den Angehörigen zur Verfügung zu stehen, wenn er/sie über den Schmerz des Loslassens sprechen, schweigen, weinen möchte/n. Hier erlebe ich häufig auch den Sinn des Dienstes, eine Brücke zu bauen für ein Gespräch zwischen Angehörigen und Patienten.

Begleitende Trauer bedeutet nicht nur partnerschaftlichen und helfenden Kontakt, sondern insbesondere die feste Zusage eines Kontraktes: „Ich stehe Ihnen, wenn Sie es möchten, zur Verfügung." Begleitende Trauer schließt für uns mit ein, und hier meine ich

181

unser Team „Zeit-Oase" in Halle: die Begleitung unmittelbar nach dem Eintritt des Todes, und zwar bei den Tätigkeiten, die viele unserer Mitmenschen nie lernen konnten. Begleitende Trauer bedeutet dann, daß ich den Angehörigen ermutige, den Verstorbenen zu waschen, zu kleiden, von ihm Abschied zu nehmen. Wenn jemand nicht zu Hause sterben konnte, sondern im Krankenhaus, so meint begleitende Trauer auch das Angebot an den Angehörigen: „Ich gehe mit ihnen in die Leichenhalle, wir nehmen gemeinsam Abschied."

Ein Schwerpunkt in der Sorge um die Angehörigen ist die Trauer. Trauer, Trauerzeit sind heute nicht sehr gefragt, als würden sie nur stören. Schnell soll der betroffene Angehörige – und auch die Krankenschwester oder der ehrenamtliche Helfer – wieder zur Tagesordnung übergehen. Ich bringe in Erinnerung: „Eine nicht vollzogene Trauer ist das Tor zur Depression". Viele depressive Gestimmtheiten und Erkrankungen sind Folge einer nicht vollzogenen, nicht durchlebten Trauer. Trauer heißt: Abschied nehmen – und: neues Leben lernen.

Trauer ist eine Lebensphase, ist ein Prozeß, auch er kennt Stationen, Schritte, Phasen. Trauer ist der Weg der Menschen zu ihrem Emmaus. Dieses Nach-Emmaus-Gehen schließt das Gehen und das Bleiben ein. So steht im Lukas Evangelium:

„Am gleichen Tag waren zwei von den Jüngern auf dem Weg in ein Dorf namens Emmaus, das sechzig Stadien (gut elf Kilometer) von Jerusalem entfernt ist. Sie sprachen miteinander über all das, was sich ereignet hatte. Und während sie redeten und ihre Meinung austauschten, kam Jesus dazu und ging mit ihnen. Doch sie waren mit Blindheit geschlagen, so daß sie ihn nicht erkannten.

Er fragte sie: ,Was sind das für Dinge, über die ihr auf dem Weg miteinander redet?'

Da blieben sie traurig stehen, und der eine von ihnen, der Kleopas hieß, antwortete ihm: ‚Bist du der einzige in Jerusalem, der nicht gehört hat, was sich in diesen Tagen dort ereignet hat?'

Er fragte sie: ‚Was denn?'

Sie antworteten ihm: ‚Das mit Jesus aus Nazaret; er war ein Prophet und hat vor Gott und allem Volk Großes getan und gesagt. Doch unsere Hohenpriester und Führer haben ihn zum Tode verurteilt und ans Kreuz schlagen lassen. Wir aber hofften, daß er es sei, der Israel retten werde. Und heute ist schon der dritte Tag, seit das geschehen ist. Einige Frauen aus unserem Kreis haben uns allerdings in große Aufregung versetzt. Sie waren in der Frühe beim Grab, fanden aber seinen Leichnam nicht. Als sie zurückkamen, erzählten sie, ihnen seien Engel erschienen und hätten gesagt, daß er lebt. Einige von uns gingen dann zum Grab und fanden es so, wie die Frauen gesagt hatten; ihn selbst aber sahen sie nicht.'

Da sagte er zu ihnen: ‚Begreift ihr denn nicht? Wie schwer fällt es euch, alles zu glauben, was die Propheten gesagt haben! Mußte nicht der Messias all das erleiden und so in seine Herrlichkeit eintreten?'

Und Jesus legte ihnen dar, ausgehend von Mose und allen Propheten, was in der ganzen Schrift über ihn geschrieben steht.

So erreichten sie das Dorf, zu dem sie unterwegs waren. Jesus tat, als wolle er weitergehen, aber sie drängten ihn und sagten: ‚Bleib bei uns; es wird bald Abend, der Tag hat sich schon geneigt.' Da ging er mit hinein, um bei ihnen zu bleiben.

Und als er sich mit ihnen zum Essen niedergesetzt hatte, nahm er das Brot, sprach den Segen, brach es und gab es ihnen. Da gingen ihnen die Augen auf, und sie erkannten ihn; doch auf einmal war er nicht mehr zu sehen. Und sie sagten zueinander: ‚Brannte uns nicht das Herz, als er unterwegs mit uns redete und uns den Sinn der Schrift erklärte?'

Noch in derselben Stunde brachen sie auf und kehrten nach Jerusalem zurück. Sie fanden die Elf und die anderen Jünger versammelt. Diese sagten: ,Der Herr ist wirklich auferweckt worden und ist dem Simon erschienen.' Da erzählten auch sie, was sie unterwegs erlebt hatten und wie sie ihn erkannten, als er das Brot brach. " (Lukas 24,13–36)

Trauerweg von Golgota bis Emmaus. Der Schluß der Geschichte erschließt sich aus dem persönlichen Glauben. Am Ende ihres Weges entsteht neuer Horizont: „Herr, bleibe bei uns, denn es will Abend werden" – das ist die Grunderfahrung, die alle Trauernden nachsprechen können. Es gibt nichts mehr zu erwarten, zu besorgen. Jetzt beginnt Einsamkeit. Sie teilen ihre Traurigkeit miteinander – sie reden miteinander. Reden ist für einen Trauernden sehr wichtig. Jesus nähert sich und geht mit. Er ergreift nicht gleich das beschwichtigende Wort, wie es Trauernde oft zu hören bekommen: ,Das Leben muß doch weitergehen' – ,Er/sie ist doch jetzt erlöst.'

Jesus nähert sich. Nähe läßt sich nicht machen. Nähe ereignet sich, sie geschieht und will vernommen werden: „Ihre Augen waren gehalten, daß sie ihn nicht erkannten." Ein trauernder Mensch sieht alles ganz anders als seine unbetroffenen Mitmenschen.

Und vor allem dies: Jesus lädt zum Erzählen ein! Ein Trauernder ist besetzt von Leid und Schmerz. Wie kann es eine andere Welt außer der seiner Trauererfahrung geben? Der Fremde wird für die Emmausjünger zum Mitgehenden. Ihm erzählen sie ihre Gemütsbewegungen, ihre enttäuschten Hoffnungen. Enttäuschte Hoffnungen bilden den geheimen Kern fast aller Trauergeschichten. Und – Jesus geht mit. Er hört zu. Und dann – anders als wir: Er geht auf sie ein *und* spricht von sich selbst. Er bleibt *und* aktualisiert Auferstehung. Und dann geschieht's: Im gemeinsamen Mahl, im Vollzug des Vertrauten, verwandelt sich Trauererfahrung in Auferstehungsgewißheit: Die Augen sehen verändert, und es erschließt sich Sinn. Trauerwege werden Lebenswege. Trauern heißt: das Leben neu lernen.

„Brannte nicht unser Herz!?" Ostererfahrung steht nicht am Anfang eines Trauerweges. Abschied nehmen und das Leben neu entdecken – das ist ein langer Weg. Ostern wächst am Kreuz heran. Für mich ist diese Emmaus-Geschichte ein wunderbares und so konkretes Beispiel, wie Angehörige und mitbetroffene Begleiter ihre Trauerwege gehen können.

Trauern wird heute wahrhaftig schwergemacht, denn viele alte Bräuche und Sitten sind nicht mehr erlebbar oder erschweren vielen Menschen das Begreifen des Sterbens, des Loslassens. Nicht nur der meist anonyme Sterbeort ist Ursache dieser mangelnden Erfahrung, sondern auch die Übernahme vieler Dienste an den Verstorbenen durch Bestattungsinstitute etc. Es wäre so wichtig und not-wendend, neu zu bedenken: Wie finden wir für uns eine „Ars vivendi" und eine „Ars moriendi"?

Ich träume von Menschen

Zum Schluß und Ausklang möchte ich eine engagierte Hospizlerin zu Wort kommen lassen.

> *„Ich träume von Menschen,*
> *die Leiden und Schmerzen*
> *nicht als menschenunwürdig ansehen,*
> *sondern denen bewußt ist,*
> *daß sie durch das Ertragen von weiteren*
> *   Schmerzen*
> *menschliche Größe und Reife gewinnen*
> *   können.*
>
> *Ich träume von Menschen,*
> *die den Mut finden zum Sprechen und*

Nachdenken über Krankheit, Tod, Alter
und über damit verbundene Vorstellungen,
Ängste und Sorgen.

Ich träume von Menschen,
die Sterben und Tod nicht aus dem Leben
    verdrängen,
sondern sich damit auseinandersetzen,
weil das Bewußtwerden der Endlichkeit
überhaupt erst wach macht für das Leben.

Ich träume von Menschen,
die es ermöglichen, daß der Schwerkranke
dort sterben kann, wo er gelebt hat,
zu Hause im Kreise der Familie.

Ich träume von Menschen,
die die schwere Frage
der „Wahrheit am Krankenbett" deutlich,
ehrlich, klug und rücksichtsvoll beantworten.

Ich träume von Menschen,
die sich verständnisvolle und sensible Pflege
    leisten
und versuchen zu erspüren,
    was der Sterbende will.

Ich träume von Menschen,
die daran arbeiten,
daß in den Kliniken die Lebensqualität des
    Sterbenden
an oberster Stelle steht und so
„sanftes Sterben" möglich gemacht wird.

Ich träume von Menschen,
die dem Sterbenden den Abschied
    ermöglichen,
z. B. durch Klärung unerledigter
    Angelegenheiten,
durch Versöhnung nach vielen Jahren,
durch längere Gespräche,

durch Zusammensein der ganzen Familie am
    Krankenbett.

Ich träume von Menschen,
die das Ende des Lebens annehmen und nicht
    hadern,
verbittert und verzweifelt sind,
sich auflehnen, weil sie das Gefühl haben,
nicht richtig geliebt zu haben.

Ich träume von Menschen,
die das Leben nicht „um jeden Preis"
    verlängern wollen,
weil durch die intensiven medizinischen Ein-
    griffe
oft ein „sanftes Sterben" verhindert wird.

Ich träume von Menschen,
die das Sterben nicht als qualvolle,
Angst erregende Niederlage erleben,
sondern als Höhepunkt und Abschluß
    irdischen Lebens.

Ich träume von Menschen,
die sich nicht dagegen wehren,
den Tod des anderen Menschen anzunehmen,
denn dadurch wird ihnen deutlich,
daß auch ihr eigenes Leben endlich ist.

Ich träume von Menschen,
die Ansprechpartner sind für die,
die Hilfe suchen bei ihrer persönlichen
    Betroffenheit,
und für die, die erste Berührungspunkte
mit ihrer eigenen Sterblichkeit spüren.

Ich träume von Menschen,
die mit daran arbeiten, Informations- und
    Beratungseinrichtungen aufzubauen
und somit Hilfen anbieten bei
    der Vorbereitung

*auf den eigenen Tod und
bei der Begleitung Sterbender.*

*Kurzum: Ich träume von Menschen,
die menschlich sind.*[23]   Ursula Nantke

Also müssen wir anfangen, wieder zu leben ...“

> *„Also müssen wir anfangen,
> wieder zu leben,
> wir mit unseren angeschlagenen Körpern
> und verletztem Geist.
> Ganz von vorn wieder anfangen
> aus den Trümmern unseres Lebens,
> sammeln den Staub einst geträumter Träume
> auf.“*[24]

Dieser Text stammt von der verstorbenen Anna McKenzie und zeigt für mich einen Weg auf: Anfangen, wieder zu leben.

Leben mit Wunden und Verletzungen, angeschlagen nicht nur der Kranke und Sterbende, sondern hier auch im Blick die Helfer, Begleiter und Angehörigen.

Wo ist da ein Weg, der aus den Sackgassen und Dunkelheiten herausführt? Möglichkeiten gibt es viele, eine Spur zeige ich auf. Ich verdanke sie meinem Leben. Viele Menschen habe ich begleitet. Viel an Zuversicht und Hoffnung haben sie mir gegeben. Aus der Distanz entdecke ich auch Fehlhaltungen bei mir. Es war und ist ständiges Verwandeln not-wendig. Ich selbst bin als Sterbebegleiter auf diesen Wegen anders geworden. In einem Wort zusammengefaßt, hoffe ich – menschlicher. Zu mir gehören Licht und Schatten. Heute kann ich dazu besser stehen. Schmerzhaft habe ich gelernt, wie Perfektionismus und Aktivismus mich oft verführt und ins Dunkle gebracht haben. Ich möchte weiter Lernender bleiben und wünsche mir und allen, die dem Sterben nahe Menschen begleiten:

- ✦ menschliche Nähe mit Zärtlichkeit und Geduld
- ✦ Echtheit
- ✦ Treue.

In einem Gebet zusammengefaßt:

> *„Hilf uns, Gärtner des Geistes zu sein,*
> *die immer hoffen und wissen,*
> *daß ohne Dunkelheit nichts geboren wird,*
> *wie ohne Licht nichts blüht."*[25]

Dunkelheit, Dunkelheiten sind die Wunden vieler Helfer und Begleiter. Im menschlichen Miteinander gibt es keine Begegnungen und Wege ohne Wunden. Ich schließe mich hier dem Titel eines Buches von Dorothee Sölle an: „Das Fenster der Verwundbarkeit" – das Fenster der Verwundbarkeit als Weg, über Wunden zur Veränderung.

Diesen Weg zu gehen sehe ich als Chance für alle Helfer und Begleiter. Lernen wir von den Sterbenden das Leben – wieder anzufangen zu leben. Wagen wir zu leben, und investieren wir nicht all unsere Kräfte nur ins Überleben. Betrachten wir das Fenster der Verwundbarkeit, die eigenen Wunden nicht als Makel, sondern als Quelle der Heilung.

Ein Weg – ein langer Weg liegt vor uns. Für diese Schritte wünsche ich uns:
- ✦ eine lebendige Gemeinschaft mit offener Kommunikation
- ✦ ein regelmäßiges Innehalten („Gönne dich dir selbst!")
- ✦ Visionen und Träume.

> *„Also müssen wir anfangen, wieder zu leben,*
> *wir mit unseren angeschlagenen Körpern*
> *und verletztem Geist.*
> *Ganz von vorn wieder anfangen*
> *aus den Trümmern unseres Lebens,*

sammeln den Staub einst geträumter
    Träume auf.

Wir, ohne Zukunft,
sicher, exakt bestimmt, erlöst,
wenden uns jetzt an Dich, Gott,
in dem Wissen, daß nichts absolut sicher ist,
nichts unverletzlich hier.

Ausgenommen du,
und selbst das lassen wir bisweilen
    außer acht.
Und wir hassen Dich,
und wir lieben Dich,
und unser Zorn ist stark
wie unser Schmerz.

Unsere Trauer ist tief wie das Meer,
unsere Erwartungen groß wie die Berge.
Wir wollten es nicht leicht haben, Gott,
aber wir ahnten nicht,
daß es gar so schwer sein würde,
so lang, so einsam.

Wenn also unser Inneres nach außen
gekehrt werden soll
und wir auf den Kopf gestellt,
wenn sogar unsere Taschen durchgeschüttelt
    werden sollen,
zu sehen, was da klappert,
und wir zurückgelassen werden,
dann bitten wir, daß Du den Glauben
an uns behältst
und wir an Dich.

Daß Du unsere Hände hältst, wenn wir weinen,
uns Kraft gibst, weiter zu machen,
uns Leuchtfeuer zeigst
auf dem Weg
neu zu werden.[26]

10

Heilszeichen – Sakramente als Hilfe für Christen

In der Krise der Krankheit erlebt auch der glaubende Christ die Vergänglichkeit und das Gebrochensein seines Lebens. Besteht er diese Herausforderung? Auch er kennt die Versuchung, zu flüchten, zu verdrängen. Seine Lebenskrise ist meist auch Glaubenskrise. Warum läßt der gute Gott mich leiden? Das kann doch nicht wahr sein!

Gebet, die Sakramente – sonst vielleicht selbstverständlich, aber jetzt? Ich kann nicht mehr beten – wie kann es Gott geben! Und zugleich: Hilf mir doch, du, Gott des Lebens.

Dann erhält ein solcher Patient vom Seelsorger Besuch und verschleiert seine Situation: Zur Kommunion gehe ich nach der Entlassung, zu Hause. Die Krankensalbung ist doch nicht nötig – das hat doch Zeit. Scheu, Hilflosigkeit auf beiden Seiten und – eine vertane Chance?

Kranke und leidende Menschen haben im Leben Jesu eine bevorzugte Stellung. Zu seiner Sendung gehört der Auftrag: Geht und verkündet die frohe Botschaft und heilt die Kranken. Seine „gute Nachricht" und jeder Heilungsauftrag verdichten sich in den Heilszeichen – den Sakramenten. In diesen Zeichen erlebt der Mensch die Liebe des Vaters, die Verbundenheit Christi und den Trost des Geistes.

10.1
Die Krankensalbung

Sie gründet in den Worten des Jakobusbriefes: „Ist einer von euch krank? Dann rufe er die Ältesten der Gemeinde zu sich; sie sollen Gebete über ihn sprechen und ihn im Namen des Herrn mit Öl salben. Das gläubige Gebet wird den Kranken retten, und der Herr wird ihn aufrichten; wenn er Sünde begangen hat, werden sie ihm vergeben" (Jakobus 5,14–16).

Die Krankensalbung ist Hilfe zum Leben. Ist jemand in und durch seine Krankheit blockiert, zu Tode verängstigt, wird er die Krankensalbung als „Absalbung", als „Letzte Ölung", als Todesweihe verstehen. Dieses Heilszeichen muß dann gedeutet, erschlossen werden durch eine behutsame Hinführung und Begleitung. Unvorbereitet oder ungenügend vorbereitet, aus eigener Angst oder übereifrigem Glauben gegeben – kann ein Heilszeichen Angst, Zweifel und Depression verursachen.

Sinn dieses Sakramentes ist die Hilfe, die Stärkung zum Leben und hat nichts zu tun mit dem irrtümlichen Verständnis einer „letzten Ölung". Wo immer die Krankensalbung von Kranken und Angehörigen ausschließlich als Todesankündigung und als Siegel der Wiedergutmachung eines nicht bewältigten Lebens im Tod verstanden wird, ist der Sinn dieses Zeichens so verfremdet, daß eine Spendung unterbleiben sollte, bis eine angemessene Disposition des Betroffenen erreicht werden kann.

Verständnis, Verkündigung und Spendung der Krankensalbung müssen bei der Krankheit als einer schmerzlichen Lebensphase ansetzen, in der sich der Mensch in seiner Gebrochenheit und Ohnmacht erfährt. In dieser Situation will die Krankensalbung zeichenhaft Antwort sein, Mut zur Selbstannahme im Zustand der Gebrochenheit zusprechen und die verläßliche Nähe Gottes verheißen.

Der Sinnerschließung stehen sprechende Zeichen und Gebärden der Krankensalbung zur Seite: das Öl als altes und vielleicht noch immer vertrautes Zeichen medizinischer Hilfe, Linderung und Heilung sowie als Zeichen der Unangreifbarkeit: Wie sich in der Antike die Ringkämpfer vor ihrem Kampf auf Leben und Tod mit Öl einrieben, damit der Gegner sie nicht packen konnte, so wird der Christ durch das Zeichen des Kreuzes mit dem geweihten Öl auf seiner Stirn und seinen Händen auf den Glauben an Jesus Christus verwiesen, damit ihn die Feinde des Glaubens – wie etwa Verbitterung und Verzweiflung, Ängste und Schuldgefühle – nicht niederringen.

Zum Empfang und zur Spendung des Sakramentes der Krankensalbung sowie zu seiner Befreiung von Mißverständnissen sei auf folgendes hingewiesen:

✦ Tote können kein Sakrament empfangen. Das enthebt den Seelsorger nicht einer seelsorglichen Begleitung der Angehörigen und des Krankenhauspersonals. Hier ist ein wichtiger Ort der Trauerarbeit und des begleitenden Gebetes, das sich der Klage und der Annahme des Verlustes durch die Weiterlebenden im Angesichts des Todes widmet.

✦ Die Spendung der Krankensalbung muß in die verläßliche, mitmenschliche Begleitung des Kranken bzw. Sterbenden integriert sein, damit sie zur Selbstannahme beitragen kann.

✦ Um dieses Zeichen von einer Todesankündigung abzulösen, empfiehlt sich eine Spendung des Sakraments in Gruppen – z. B. in einem Gemeinde- oder Krankengottesdienst, und zwar an Menschen in ungleicher Nähe zum Tod.

Die Krankensalbung ist durch eine einseitige geschichtliche Entwicklung als „letzter Ölung" immer noch weithin vorbelastet. Für viele Kranke, für deren Angehörige und auch für das Personal medizinischer oder pflegerischer Einrichtungen ist es schwer, einen Zugang zu diesem Sakrament zu finden. Eine große

Verlegenheit zwischen Patienten, Seelsorger und sozialem Umfeld ist nicht selten. Eine neue Sicht und Handhabung im theologischen, binnenkirchlichen Raum ist inzwischen eine Selbstverständlichkeit, und doch ist damit nicht alles getan. Ein Umdenken, eine neue Orientierung unter Christen steht noch weithin aus.

Die Krankensalbung ist nicht eine Ankündigung des nahen Todes. Sie ist keine „Garantie" für den Himmel. Sie ist keine magische Kraft, keine „Supermedizin". Sie ist auch kein Dämpfungsmittel, das die Krisis zeitweilig verdrängen hilft. Auch ist die Krankensalbung eben nicht das Sterbesakrament. Sein Empfang sollte also nicht aufgeschoben und an den unumkehrbaren Rand des Lebens gedrängt werden. Sie hat ihren Platz in der Krankheit des Menschen, damit er durch diese Hilfe sein Kranksein bestehen oder bewältigen kann.

Die Krankensalbung will in erster Linie eine trostreiche, heilsame Botschaft sein. Auch in der Krankheit will Christus dem Menschen begegnen. In einer solchen Krisis stützt mich das Gebet der Gemeinschaft der Glaubenden, und gesalbt werde ich für den Kampf gegen Hoffnungslosigkeit, Angst und Einsamkeit. Wo die Krankensalbung so gesehen wird, flößt sie nicht Furcht und Verlegenheit ein, sondern gehört zum Leben mit Christus und hat einen natürlichen Platz mitten in meinem Leben.

Folgende Begegnung mag ein Beispiel für die Kraft und die Vielfalt der Heilszeichen sein:

Nach einem Betriebsunfall wurde ein Patient auf eine Intensivstation eingeliefert. Unser Kontakt war von Anfang an unkompliziert und dicht. Er lebte vor allem aus einem intensiven Verbundensein mit seiner Familie und aus seinem christlichen Glauben. Die angebotenen Sakramente empfing er dankbar und ohne Vorbehalte. In der Krankensalbung sah er ein Heilszeichen des Lebens und keine Bedrohung.

Der Krankheitsverlauf verschlechterte sich, und bald war ein verbaler Kontakt nicht mehr möglich. Bei einem meiner Besuche traf ich seine Frau, und wir saßen am Bett ihres Mannes. Ich ermutigte sie, den Hautkontakt aufzunehmen (durch Verbrennungen waren nur einige Körperstellen unversehrt). Dann fragte ich sie, wie sie mit dieser schweren Situation zurechtkomme. Sie weinte und sprach von ihrer Angst vor möglichen Komplikationen in der Schwangerschaft. „Hier muß ich Abschied nehmen – und zugleich wächst ein neues Leben."

Ihre Offenheit und Wahrheit, ihr Schmerz und ihre Trauer berührten mich, machten mich hilflos und sprachlos. Wir verweilten still, ohne Worte. Dieses Schweigen war sehr beredt. Aus der Stille bot ich ihr, der Frau und werdenden Mutter, die Krankensalbung und Wegzehrung an. Und dieses „unfromme" Heilszeichen wurde dann zur Brücke zwischen ihr, ihrem dem Sterben nahen Mann, ihrem ungeborenen Kind, mir und ihm, Christus.

10.2
Das Sakrament der Buße und Versöhnung

Krankheit wirft den Menschen häufig auf sich selbst zurück, mit den radikalsten, schwersten Lebensfragen: Warum gerade ich? Jetzt? Was habe ich falsch gemacht? Wie soll es weitergehen? Ein im Herzen glaubender Mensch sieht sich und sein Leben in einer solchen Situation auch immer vor Gott. Die Not und Zeit der Krankheit klopfen laut und doch auch behutsam an die Tür des Betroffenen an, über sein Leben, über seine Beziehungen nachzusinnen. Wie selten sonst neigt ein Mensch vor allem jetzt zur „revision de vie", gewissermaßen zu einer Lebensbilanz.

Sie bieten ihm an, sich total dem Erbarmen Gottes

zu öffnen, sich – da ist so ein Bedürfnis in jeder Menschenseele – auszusöhnen, versöhnt zu werden, zu vergeben, sich vergeben zu lassen. Nach meiner Erfahrung vermag der Empfang des Sakramentes der Buße und Versöhnung in einem Menschen Kräfte freisetzen, die vorher vielleicht durch Verdrängung, Vermeidung, Scheu und so vieles vermeintlich Wichtigeres verbraucht wurden. Da geschieht nicht nur seelische Aufrichtung, sondern es geht immer um den ganzen Menschen.

Wie die Krankensalbung ist das Sakrament der Buße und Versöhnung die große Möglichkeit zum Durchbruch, zur immer neuen Wende, ein Leben mit Christus, den Mitmenschen und sich selbst zu finden.

Ich nehme in die Beichtgespräche häufig das wunderbare Gleichnis vom guten Vater hinein, der seinen „verlorenen Sohn" nicht nur erwartet, sondern ihm – sobald er ihn kommen sieht – sogleich entgegeneilt und in die Arme schließt. So kann Versäumtes, Übersehenes, Verhärtetes, kann Schuld als Störung der Beziehungen zu den Allernächsten, zu den Mitmenschen, zur Schöpfung, zu sich selbst und zu Gott *erlebt* werden.

10.3
Die „Wegzehrung"

Die heilige Kommunion ist nach katholisch-christlichem Verständnis Wegzehrung. Sie meint und symbolisiert die Gegenwart Gottes in meinem ganzen Leben. Sie ist Speise auf schweren Wegen. Zum Schmecken, zum Riechen und zum Anfassen sind Brot und Wein für den leidenden und lebensverunsicherten Menschen konkrete „Lebensmittel", die Hunger und Durst stillen. Die heilige Kommunion: Wegzehrung, die hindurch hilft, wenn Einsamkeit und Angst zu überwältigen drohen. Sie ist Stärkung auf dem schweren Weg einer Krankheit, ganz besonders für Menschen, die ihr Sterben vor Augen haben.

„Nehmt und eßt! Das bin ich für euch" – hier geschieht für den, der es fassen kann, im Brot des Lebens spürbare Gegenwart Christi, der dem Glaubenden zugesagt hat, bei ihm zu sein bis ans Ende und durch das sterbende Leben hindurch. Heilige Kommunion als Wegzehrung will sagen, „von Gott bei der Hand genommen" und „über die Schwelle des Sterbens geführt" zu werden. Als Brot des Lebens ist es die Speise auf dem Weg ans Ziel: Brot des LEBENS.

Dieses Heilszeichen als Angebot für Kranke kann Hilfe und Brücke sein zur Annahme des Unannehmbaren, der Krankheit, zur Bejahung des Absurden, der quälenden Sinnlosigkeit, zur Anheimgabe auch an die Einsamkeit der Not und des Sterbens, zur Annahme eines noch unerkennbar neuen Lebens als Verheißung Gottes, – und dann, in diesem Vertrauen auf „sein Wort hin", kann es geschehen, daß mitten im Unannehmbaren, mitten in der Sinnlosigkeit und Angst, mitten in der dunkelsten Verlassenheit die Gewißheit keimt, daß dies alles das Tor zum Geheimen, die Tür zu einer Geborgenheit und Liebe ist, die keines Beweises mehr bedarf, weil plötzlich die Erfahrung stärker ist als die Hoffnung.

10.4
Seelsorge als Mitgehen

Der Dienst echter Seelsorge ist: Mitgehen und Begleiten. Wie kann ich ihn erklären?

Ich muß als priesterlicher Mensch bereit sein, von den Kranken zu lernen; es geht um sie, nicht um mich und mein „Glaubenskapital". Entscheidend für die Begegnungen mit Kranken ist, wie ich mit mir selbst, mit meinen Lebensfragen, mit meinen „Behinderungen", meinen Krankheiten, Konflikten und Krisen umgehe. Entscheidend ist auch, worin ich meine vorrangige Aufgabe sehe: in dem Bewußtsein, einen Auftrag „ab-zuleisten" – oder in der Bereitschaft, dem Kranken die Heilkraft der begleitenden Mitmenschlichkeit und des Glaubens zu vermitteln als Hilfe zum Leben? Darin, Mit-Menschen beizustehen, aus einem erfahrenen und leidgeprüften Glaubensfundament das Leben zu wagen? Nehme ich dabei vor allem die Signale, die Fragen und die Not eines Patienten, eines Menschen wahr, der einen Weg geht, der auch – auf meine Weise – mein eigener sein wird?

Als Seelsorger brauche ich für mich selbst einen Ort der Besinnung und der Vorbereitung. Ich selbst brauche Seel-Sorge. Immer aber ist mein Glaube, mein Hoffen und meine Liebe gefragt. Ein Patient fragt nicht, was die Kirche sagt, sondern: Was glaubst du? Seelsorge im Krankenhaus unterscheidet sich existen-tiell nicht unerheblich von anderen Bereichen der Pa-storal. Beispielsweise: Hingeh-Pastoral – Ich gehe zu einem Menschen. Oder: Ich weiß nicht, ob die Mitpa-tienten einen christlichen Hintergrund haben. Bei je-dem weiteren Besuch gilt es nicht selten, neu anzufan-gen, da die Belegung des Patientenzimmers ständig wechselt. Es gibt aber auch Angenehmes, denn Besu-che bedeuten auch mögliche Quelle von Freude. Sie bringen Abwechslung. Und: Mir will einer zuhören, mich trösten, Not teilen und helfen.

Ein Pfarrer ist aber auch immer Vertreter der Kirche. Er muß seinen Kopf für eine 2000jährige Geschichte und für viele schlechte Erfahrungen des einzelnen mit der Kirche im Laufe seines Lebens hinhalten.

Mein Dienst ist ein Angebot: ein Angebot der Be-gleitung, – Begleitung am besten zu verstehen als Ko-operation. Als Seelsorger bin ich nicht Konkurrent, sondern Partner der Ärzte und des Pflegepersonals.

Ziel ist es, den konkreten Menschen in seinen ureigenen Sorgen, Verlusten, Ängsten und Fragen zu begleiten, ihm eine Botschaft vom barmherzigen Gott erfahrbar werden zu lassen. Die Aufmerksamkeit und das Engagement der Ärzte und des Pflegepersonals sind in der Regel auf den Körper – die somatische Dimension – des Erkrankten gerichtet. Mein Dienst als Seelsorger möchte Ergänzung bedeuten, da Seelsorge immer die Ganzheit eines Menschen im Auge hat. Krankheit verstehe ich als Krise des ganzen Menschen. Der Glaube und die Menschlichkeit des Seelsorgers kann helfen, den Patienten ohne äußeres Instrumentarium als Mitmensch, als Freund zu begleiten. Dazu ist eines unerläßlich: ein Vertrauen zu schaffen, das das Fundament jeder zwischenmenschlichen Beziehung ausmacht. Ohne Vertrauen ist echte Seelsorge nicht vollziehbar.

Ertragen, stützen

Beim Menschen bleiben, auch wenn er in all seinem Schmerz und all seiner Traurigkeit am Boden liegt – oder ganz anders empfindet als ich. Voll akzeptieren, wenn z. B. ein Patient nicht beten möchte oder die Heilszeichen der Sakramente nicht annehmen will, nicht annehmen kann.

Suchen und ausharren

Diese Grundhaltung bedeutet: nicht vorschnell Antworten oder gar Ratschläge geben wollen, sondern miteinander Rat halten, bauen auf den Tröster, den Geist Gottes, der nicht vertrösten, sondern mitgehen, nah sein will.

Gott anzusagen als den Gott, der dabei ist, treu auch in der Dunkelheit.

Ein Seelsorger ist als Mensch und als geistlicher Mensch gefragt. Er ist aufrichtig gewünscht, wenn er nicht ungefragt oder sogleich als „Seelendoktor" auftritt. Der Seelsorger als geistlicher Mensch wird als Weggefährte vom Patienten angenommen und als Partner des Personals akzeptiert.

Dem ganzen Menschen begegnen

Dieser Erwartungshaltung kann ich selbst in meinem Dienst täglich begegnen. Wo aber liegt die Kompetenz des Dienstes eines Seelsorgers? Sie liegt im Angebot, dem ganzen Menschen zu begegnen und mit ihm in allem Dunkel Licht und Heil zu suchen. Das Glück eines Menschen – auch seine Heilung, nicht allein seine „Reparatur" auf erneute Funktionstüchtigkeit hin – hängen immer mit der inneren Befindlichkeit eines Menschen zusammen: Erlebt er sich vor allem unruhig und unausgeglichen, ohne Mitte und Geborgenheit, wirkt sich dies nicht nur körperlich, sondern ganzheitlich aus. Seelsorge kann niemals menschlich genug sein!

Sich immer wieder neu orientieren

Lernen und sich immer wieder neu orientieren kann sich ein Seelsorger an der Art, wie Jesus mit Kranken umgeht. *Jeder* Mensch – damals wie heute – hat den Wunsch, sich in einer Krisensituation mit einem „echten" Menschen auszusprechen. Verlust an Nähe und Zuwendung ist schmerzhaft. Kontakt ist sonst häufig nur sachbezogen. Die Gefahr des Alleinseins: das Grübeln. Echtes Zuhören ist wahrlich Arbeit, die jedoch erlernt werden kann. Der seelsorgerliche Zuhörer braucht Selbst- und Menschenkenntnis sowie Gesprächskunde als Handwerkszeug.

Vertrauenswürdigkeit

Häufig erlebe ich, wie ich von Patienten auf meine Vertrauenswürdigkeit geprüft werde. Leidende sind nicht selten angefüllt mit Aggressivität oder Depressivität. Sie projizieren dann ihre Probleme auf die Außenwelt: auf das Pflegepersonal, auf die Ärzte, das Krankenhaus, die Angehörigen. Als Seelsorger kann ich im besten Sinne Klagemauer sein. Klagenlassen ist eine ungeheuer wichtige Hilfe.

... wie ein liebevoller Papierkorb

Ich möchte diese Gedanken schließen mit einer kleinen Zen-Geschichte, die allen empfohlen sei, die in irgendeiner Weise Kranken und Sterbenden seelsorgerlich nahekommen:

Im Kreis der Schüler eines Zen-Meisters wurde heftig die Frage diskutiert, was ein Zen-Meister sei. Einer, der alles besser wisse? Einer, der das Leben kenne wie kaum sonst jemand? Einer, der die himmlischen Gesetze kenne? Oder einer, der Liebe sei? Ja, auch das, aber vor allem dies: Ein Zen-Meister ist wie ein liebevoller Papierkorb ...

11

Spiritualität der Begleiter(innen)

Hier will ich der Frage nachgehen, welche Eigenschaften, Haltungen und geistigen Quellen ein Begleiter für seine nicht leichten Aufgaben als Mensch und Freund braucht. Über die Fachkompetenz als Arzt, Pfleger, Krankenschwester oder Seelsorger hinaus ist es die Frage nach seinem Lebensfundament, nach seiner Spiritualität, seiner Geistigkeit in seinem eigenen Leben und dem Zusammenleben mit anderen Menschen.

Wir leben in einer Zeit vielfältigen Umbruchs. Lautlos, ja fast unmerklich verlieren Worte und Werte, die für unsere jüngsten Vorfahren noch lebenstragend, sinn-voll klangen, ihre Kraft. Oder sie erreichen nicht mehr den anderen Menschen in seinem Innersten, decken sich nicht mit seinem Lebensgefühl. Vieles scheint wie verstaubt zu sein, nicht (mehr) geeignet, Orientierung zu geben und Sinn zu stiften. Dieser geistige und auch spirituelle Bruch zwischen den Generationen ist heute deutlich erlebbar und spürbar.

Auch die Kirche und ihre Erstverantwortlichen sollten es wahrnehmen, ernst nehmen und annehmen, nicht verteufeln oder abwehren. Bisher von der Kirche vermittelte Spiritualität führt zunehmend ein Leben im Abseits. Aber: Brauchen beispielsweise junge Schwestern, Mediziner, Menschen in der pflegeberuflichen Ausbildung keine spirituelle Orientierung mehr? Sicher wird jeder sagen: So ist es nicht. Nur – die Kernfrage bezieht sich nicht nur auf Inhalte spiritueller Orientierung, sondern entscheidend auf die Art der Vermittlung, auf die erfahrbare Glaubwürdigkeit und Sinnhaftigkeit der Inhalte *und* ihrer Vermittler.

Spiritualität – verstanden nicht als eine uneingeschränkte Zustimmung zu einem dogmatischen Glaubensgebäude, sondern als eine lebendige Grundhaltung sich selbst, anderen Menschen und Problemen der heutigen Menschheit gegenüber –, ist ein Lebensfundament, das als glaubwürdig und annehmbar heute mehr denn je durch echtes Vorleben erfahren, begriffen und zu eigen gemacht werden will. Wie sollen – nicht nur junge – Menschen sich angesprochen fühlen, ja begeistert den Geist Gottes spüren und erleben können, wenn sie zum Beispiel so viele Christengemeinden sehen oder vielleicht erlebt haben, die kaum Leben verwandeln, verändern und mitgestalten.

Mein Weg besteht darin, – wo in der Sterbebegleitung die spirituelle Dimension möglich und erwünscht ist – auf Jesus Christus zu schauen, ihn, sein Leben und seine Begegnungen mit Menschen wahrzunehmen, ihm und ihnen Raum zu geben. Bei ihm finde ich keine Lebensrezepte, keine Patentlösungen dogmatischer oder moralischer Art: So ist es richtig und nicht anders. Jesus geht als Mensch seinen Weg von der Krippe zum Kreuz, von Betlehem über Jerusalem zum Berge Golgata in der Bereitschaft und Herzlichkeit, Menschen vor allem in ihren Nöten und mit ihren Grenzen zu begegnen. Er geht einen Weg der Offenheit, des Vertrauens, der Zuneigung und Wahrhaftigkeit. Er traut den Menschen zu und hilft ihnen, ihren persönlichen Weg zu entdecken und zu gehen, im Vertrauen zu sich selbst, zu ihren Mitmenschen und zu ihm, – auf dem Fundament des Vertrauens und der Hinwendung zu seinem Abba-Gott, dem „lieben Vater".

11.1
Leben ohne Doppelrolle

„Es wäre für Christus leicht gewesen, die Welt zu ‚verzaubern'. Er wählte aber das Kleinsein und die Hingabe. Ein inneres Reich entstand in dieser Wahl, das Reich des Herzens, die Seinsdimension gesammelter Wesentlichkeit. Für alle wollte er Bruder sein, allen eine Hoffnung schenken, als Freund der Bedrückten in der Unscheinbarkeit leben, in die Beengung alles Menschlichen eingehen. Mit der gesammelten Kraft seiner gott-menschlichen Existenz ging er in das Wagnis hinein, ein innerlicher Mensch zu sein; von innen her zu leben, ohne Doppelrolle, ohne den anderen etwas vorzuspielen; dazusein für die Entrechteten und Bedrückten; im Kreis der Getretenen zu stehen; das Elend und die Kraftlosigkeit der Menschen auszuhalten. Während seiner öffentlichen Tätigkeit hat er nie Wunder gewirkt als Laune, zu seinem eigenen Nutzen oder aus Sucht nach Volkstümlichkeit, ja nicht einmal aus bloßem Mitleid mit unserem leiblichen Elend ... Nur dann, wenn die Taten seiner Güte eine geistige Bedeutung haben konnten. Er wollte eine innere Dynamik, die im Verborgenen wirkt, in die Welt einstiften; ein Prinzip des Lebens wollte er in uns erschaffen, aus dem im Geheimen die formenden und umwandelnden Kräfte ausgehen ... Er ist zu uns gekommen, damit alle einen Freund haben, einen Bruder, der Frieden stiftet, der die Gegensätze aussöhnt und für alle ein gutes Wort hat ... Er wußte: Die Menschen haben so kurze Zeit zu leben; warum sollen sie einander weh tun? Man weiß nie, weshalb andere Menschen uns gegenüber gelegentlich böse sind. Das ist ihre Sache. Unsere Aufgabe aber ist, das Leben voranzubringen, es zu beschützen und ihm zur Entfaltung zu verhelfen ...

Die ‚Logik' des Lebens Christi ist unausweichlich:
Echtes Sein ereignet sich in der Hingabe; Hingabe be-
deutet Selbstvergessenheit; Selbstvergessenheit voll-
zieht sich im Verzicht; selbstloser Verzicht ist bereits
Liebe; die Liebe ist gottverwandt; aus der in der Liebe
errungenen Gottesnähe entsteht neue Welt, Himmel.
Die Gesinnung Christi bedeutet: sich bitternislos
preisgeben, auf die vordergründige Selbstvollendung
verzichten, um allen nahe zu sein" (Ladislaus Boros).[27]

Eine Gefahr, ja gleichsam eine Versuchung unserer
Tage liegt im Phänomen des ruhelosen, äußeren Aktivismus, – eine andere, weit verbreitete Versuchung in
der Resignation, im Auszug und Rückzug in die Pri-
vatnische.

Überforderungen durch extrem hohe, unbarmher-
zige Leistungserwartungen provozieren nicht nur die
sogenannten modernen Krankheiten unserer Zeit im
Bereich Herz und Kreislauf, sondern können Menschen in große ganzheitliche Not bringen. Es ist ungeheuer schwer, gegen diesen Strom zu schwimmen; Un-
terhalt und Arbeitsplatz stehen auf dem Spiel. Wo
bleibt noch Raum und Zeit, dem inneren Weg des
menschlichen Lebens, der persönlichen Reifung und
dem seines Lebens zu folgen? Statt dessen lautet die
Devise: Ich habe keine Zeit – Ich muß … – Das und jenes muß bis morgen fertig sein … Häufig ist dann erst
die psychisch-somatische Reaktion der Zeitpunkt, der
zum Innehalten, zum Stillstand zwingt, der einem all
das so wahnsinnig Wichtige aus den Händen schlägt.

Es gibt auch auf dem seelsorgerlichen Lebensfeld solche gnadenlosen „Melodien" wie: Du mußt noch from-
mer sein, noch mehr Hausbesuche machen, noch mehr
Menschen zu den Sakramenten führen. Oder: Da warten so viele Menschen; wenn ich nicht hingehe, geht
kein anderer hin usw. Dieser Druck und Aktivismus
ist auch eine Realität der heutigen Kirche. Greift nicht
jeder viel zu oft und zuerst zu seinem Terminkalender –

und spürt neben der Überforderung auch eine seltsam angenehme Wichtigkeit und Selbstbestätigung?

Aktivismus in allen Bereichen hat und zieht Folgen und Opfer nach sich, – ein Teufelskreis: Der Mensch erlebt sich nach einer bestimmten Zeit leer und ausgelaugt; er sieht wenig Aussichten auf Änderung und flüchtet sich schnell in noch mehr Aktivitäten. So sind Aggressionen gegen sich selbst oder andere und Depressionen eine ganz logische Folge.

Eine Hilfe bringt erst die Selbstbesinnung, die Erinnerung, daß die Selbstliebe (da ist nicht Selbstherrlichkeit und Egoismus gemeint) in Verbundenheit mit der Gottes- und Nächstenliebe das tragende Fundament des Lebens darstellt. Eine ganzheitlich tragende Spiritualität, eine geistliche Haltung des Begleiters dagegen muß jede Versuchung zum Aktivismus im Dienst der Begleitung von Sterbenden und deren Angehörigen konsequent ausschließen. Zur Erinnerung in diesem Zusammenhang: Zu unseren körperlichen Bedürfnissen wie Luft, Nahrung, Körperpflege, Kontakt, Geborgenheit braucht jeder Mensch Zeiten und Räume der Stille, der Selbstbesinnung, der Entspannung und Rekreation. Folgender Text – fast 900 Jahre alt – ist nach meiner Überzeugung ein ganz modernes und zutreffendes Zeitzeichen.

11.2
Gönne dich dir selbst!

„Wo soll ich anfangen? Am besten bei deinen zahlreichen Beschäftigungen, denn ihretwegen habe ich am meisten Mitleid mit dir.

Ich fürchte, daß du, eingekeilt in deine zahlreichen Beschäftigungen, keinen Ausweg mehr siehst und deshalb deine Stirn verhärtest; daß du dich nach und nach des Gespürs für einen durchaus richtigen und heilsamen Schmerz entledigst. Es ist viel klüger, du entziehst dich von Zeit zu Zeit deinen Beschäftigungen, als daß sie dich ziehen und dich nach und nach an einen Punkt führen, an dem du nicht landen willst. Du fragst, an welchen Punkt?

An den Punkt, wo das Herz hart wird. Frage nicht weiter, was damit gemeint sei; wenn du jetzt nicht erschrickst, ist dein Herz schon so weit. Das harte Herz ist allein; es ist sich selbst nicht zuwider, weil es sich selbst nicht spürt.

Was fragst du mich? Keiner mit hartem Herzen hat jemals das Heil erlangt, es sei denn, Gott habe sich seiner erbarmt und ihm, wie der Prophet sagt, sein Herz aus Stein weggenommen und ihm ein Herz aus Fleisch gegeben (Ezechiel 36,26).

Wenn du dein ganzes Leben und Erleben völlig ins Tätigsein verlegst und keinen Raum mehr für die Besinnung vorsiehst, soll ich dich da loben? Darin lobe ich dich nicht. Ich glaube, niemand wird dich loben, der das Wort Salomons kennt: „Wer seine Tätigkeit einschränkt, erlangt Weisheit" (Jesus Sirach 38,25).

Bestimmt ist es der Tätigkeit selbst nicht förderlich, wenn ihr nicht die Besinnung vorausgeht.

Wenn du ganz und gar für alle dasein willst, nach dem Beispiel dessen, der allen alles geworden ist (1 Korinther 9,22), lob ich deine Menschlichkeit – aber nur, wenn sie voll und echt ist. Wie kannst du aber voll und echt Mensch sein, wenn du dich selbst verloren hast?

Auch du bist ein Mensch. Damit deine Menschlichkeit allumfassend und vollkommen sein kann, mußt du also nicht nur für alle anderen, sondern auch für dich selbst ein aufmerksames Herz haben. Denn was würde es dir sonst nützen, wenn du – nach dem Wort des Herrn (Matthäus 16,26) – alle gewinnen, aber als einzigen dich selbst verlieren würdest?

Wenn also alle Menschen ein Recht auf dich haben, dann sei auch du selbst Mensch, der sein Recht auf sich selbst hat. Warum solltest einzig du selbst nichts von dir haben? Wie lange bist du noch ein Geist, der auszieht und nie wieder heimkehrt (Psalm 78,39)? Wie lange noch schenkst du allen andern deine Aufmerksamkeit, nur nicht dir selber? Ja, wer mit sich selbst schlecht umgeht, wem kann der gut sein?

Denk also daran: Gönne dich dir selbst! Ich sage nicht: Tu das immer. Ich sage nicht: Tu das oft! Aber ich sage: Tu es immer wieder einmal. Sei wie für alle anderen auch für dich selbst da, oder jedenfalls sei es nach allen anderen. "[28]

Bernhard von Clairvaux (1090–1153) an Papst Eugen III.,
der früher sein Mönch gewesen war.

Hermann Hesse schreibt in seinem ‚Steppenwolf':

„Was die anderen und was die Umwelt betraf, so machte er beständig die heldenhaftesten und ernstesten Versuche, sie zu lieben, ihnen gerecht zu werden, ihnen nicht wehzutun. Denn das Liebe-Deinen-Nächsten ist bei ihm so tief eingebläut, wie das Hassen seiner selbst, und so war sein ganzes Leben ein Beispiel dafür, daß ohne Liebe zu sich selbst, auch die Nächstenliebe unmöglich ist, daß der Selbsthaß genau dasselbe ist und am Ende genau dieselbe grausige Isoliertheit und Verzweiflung erzeugt, wie der grelle Egoismus. "[29]

„Gönne dich dir selbst!" – so haben wir bei Bernhard von Clairvaux gelesen. Selbstliebe ist die Quelle der Nächstenliebe. Die Ordensschwester Liliane Juchli sagt es in einer ganz kurzen Formel: „Pflegen heißt auch – und vor allem, pfleglich mit sich selbst umzugehen!" Hier finde ich eine Spur zur Spiritualität der Begleiter: Sich-selbst-gönnen, Sich-selbst-lieben und Sich-geliebt-erfahren ist das eine, das andere: Begegnung, Ganz-Ohr-, Dem-anderen-Freund-sein, .

Die Bibel, wir sahen es, ist ein Buch von Begegnungsgeschichten. Gott sucht die Begegnung mit Menschen. Er ermutigt Menschen zur Begegnung untereinander, die nur möglich ist, wenn Begegnung mit meinem eigenen Menschsein zuvor kein Fremdwort war. Begegne ich dann einem anderen, geschieht diese Form der Lebensberührungen als Angebot in Freiheit – und ist nicht selten zunächst mit dem Gefühl der Unsicherheit und Befangenheit verknüpft. In einem Du – im anderen Menschen – begegne ich zudem immer auch einem Geheimnis. So gehören Ehrfurcht vor der Einmaligkeit, der Würde und der Andersartigkeit des Du zum Fundament menschenwürdiger Begegnung. Und: Treffe ich einen Menschen in seiner Krise, werde ich – als schaute ich in einen Spiegel – immer auch selbst in Frage gestellt, mit meinen ungelösten, unerlösten Fragen konfrontiert. Lasse ich mich darauf ein, werde ich nach einem Weggeleit nicht mehr der/ die sein, der/die ich zuvor gewesen bin.

11.3
„Wann wird die Nacht zum Tag?"

Eine Begegnung zwischen zwei Personen trägt die Möglichkeit in sich, Brücken zu bauen: eine Brücke zwischen einem Du und einem Ich, eine Brücke zur je eigenen Person, vielleicht auch eine Brücke zum Geheimnis des Gesprächspartners und in all dem eine Brücke zu Gott, sofern beide ihm Raum geben.

Eine solche Beziehung lebt wesentlich von Zeit. Stehe ich unter Druck, oder will ich in einem Treffen möglichst alles ansprechen, kann diese Belastung die Begegnung gefährden und blockieren. Offenheit für alles und ein gutes Augenmerk auf die je augenblicklichen Zeitzeichen bilden unerläßliche Kriterien.

Bei der Begleitung eines Sterbenden sind die Wegabschnitte in Anlehnung an die Bibel immer auch Wege nach „Jerusalem": Der Weg nach Jerusalem (vgl. Johannes 12,12–13,11) meint den Weg der Hingabe und zugleich auch die Tür zur Trauer auf dem Weg nach Emmaus (vgl. Lukas 24,13–35). Diese Wege schließen Panik, Ohnmacht, Angst, Kreuz, Verlassenheit, Grablegung, Betroffenheit und Flucht ein. Als Begleiter erfahre ich mich – wie der Begleitete seinerseits – als Gebender und als Empfangender, und in einer solchen Weggefährtenschaft können beide den mitgehenden Gott erfahren als den „Ich bin der Ich bin da" – so die Selbstmitteilung Gottes an Mose.

Aus dieser Zuversicht und Erfahrung seien fünf Grundhaltungen hervorgehoben, die die Spiritualität eines Begleiters ausmachen können:

✦ Menschlichkeit und Herzlichkeit über jede Art von beruflicher Fachkompetenz hinaus,

✦ Vertrauen als Fundament jeder echten Begegnung zwischen Menschen,

✦ Verläßlichkeit, die sich ausdrückt im Mitgehen, Halt-Geben, Mittragen und Dabei-Bleiben, auch wenn der Kranke „zu Tode betrübt ist" und für sich keine Hoffnung sieht,

✦ Geduld und Suchbereitschaft, die nicht vorschnell Antwort geben, sondern auch schwerste Fragen und Agressionen auszuhalten vermögen,

✦ und spirituelle Offenheit, die der Chance Raum gibt, daß sich die Verheißung Christi sich erfüllend erfahrbar machen kann: „Ich bin bei euch, *alle* Tage, bis ans *Ende* der Zeit." Offenheit für die Möglichkeit eines Trostes, der – aus der Wahrheit geboren – bereit macht für den Schritt über die letzte Schwelle des Lebens.

In diesen Haltungen gebe ich Raum einem Gott, der ein Gott des Lebens sein will, der da ist, auch und besonders in der Dunkelheit:

Der Rabbi fragte seine Schüler: „Wann wird die Nacht zum Tag?"
Darauf antwortete ein Schüler: „Vielleicht, wenn man einen Hund von einem Schaf unterscheiden kann?"

„Nein", antwortete der Rabbi.

Da meinte ein anderer Schüler: „Vielleicht, wenn man einen Dinkel von einem großen Baum unterscheiden kann?"

„Nein", sagte der Rabbi.

Das bedrängten ihn seine Schüler: „So sag uns doch, wann wird denn die Nacht zum Tag?"

Darauf antwortete der Rabbi: „Wenn du in das Gesicht eines Menschen blickst und dabei entdeckst, daß es dein Bruder ist."[30]

Oder mit anderen Worten:

> „Wenn wir einander begegnen,
> wissen wir, wer wir sind.
> Wir sind mehr als ein fliehender Schatten,
> mehr als ein Schrei im Wind:
> Wenn wir einander fördern und entfalten,
> wenn wir einander Lasten abnehmen,
> wenn einer dem anderen sagt:
> Gut, daß es dich gibt!
> Wenn einer verzeihen kann,
> wenn einer dich sah,
> wenn wir einander begegnen,
> dann ist der Himmel ganz nah."
>
> (Verfasser unbekannt)

11.4
Gerecht leben, zärtlich lieben – den Weg Gottes gehen

Im alttestamentlichen Buch des Propheten Micha finde ich weitere drei „Tugenden", die der Spiritualität eines Helfers und Begleiters dienlich sind:

✦ *Gerecht leben*, d. h. glaubwürdig und echt das tun, was mir möglich ist, –

gerecht leben, mich einbringen, d. h. alle Gleichgültigkeit, kühle Distanz und Unberührbarkeit überwinden, mich berühren lassen, –

wahrzunehmen, was ich hinnehmen muß, und spüren, was ich durch meine Haltung und mein Tun ändern kann, –

gerecht leben heißt auch, an mich selbst zu denken, das Maß meiner Kraft zu kennen und zu respektieren.

✦ *Zärtlich lieben*, d. h. die Wahrheit aus den Augen des anderen zu erspüren –

hinter aller Begrenzung und Kraftlosigkeit den Menschen zu sehen, –

Nähe durch Berührung zu suchen, –

zärtlich lieben, d. h. mit aller Behutsamkeit und Achtsamkeit den Bruder, die Schwester hinter der Verschlossenheit des andern zu wissen, –

dem Kranken nicht nur über das Wort begegnen, sondern ihn spüren lassen, daß ich ihm nahe bin.

✦ *In Demut (= Dien-mut) den Weg Gottes gehen*, d. h. beispielsweise in einem Team arbeiten und lernen, nicht alles allein tun zu können, –

die eigene Verletzlichkeit akzeptieren, –

Achtsamkeit für die Grenze zur eigenen Überforderung, Resignation und Mutlosigkeit, –

ohne genügende Selbstachtung gefährde ich genau das, was ich eigentlich geben will: zärtliche Liebe.

11.5
Der Mensch, der sein Herz verlor

Folgender Ausschnitt aus einem Tagebuch mag die Bedeutung der zuletzt beschriebenen „Tugend" unterstreichen:

„*Es war einmal ein Mensch, sehr herzlich war er, alles was er tat, tat er mit seinem ganzen Herzen. Er war sehr beliebt bei den Menschen, weil er ihnen viel zu* geben hatte. Deshalb wurde er oft von den Menschen gebeten, zu ihnen zu kommen und ihnen seine Worte und sein Verständnis zu geben. Er hatte nicht nur ein großes und weites Herz, sondern auch viel Wissen und Können und viele Fertigkeiten, die seiner Arbeit mit den Menschen sehr nützlich waren. Er genoß immer mehr Ansehen bei den Menschen.

Aber im Laufe der Zeit geschah etwas bei ihm, was er sicher nicht beabsichtigt hatte: Es waren so viele Menschen zu ihm gekommen, die etwas von ihm wollten, so daß sein Herz immer weniger dabei sein konnte. Zuletzt ging es so, daß er nur noch Schubladen öffnete, um den Menschen das zu geben, worum sie baten. Grundsätzlich sagte dieser Mensch nie „Nein", denn er glaubte, dadurch zu enttäuschen.

Etwas anderes hatte sich bei ihm noch eingeschlichen: Er hatte Ansehen und Anerkennung gewonnen, auf die er nicht mehr verzichten wollte. Deshalb sagte er immer ‚Ja‘ und gab, was er nur geben konnte – den ganzen Tag. Er funktionierte hervorragend – aber wollten das die Menschen wirklich? Des Nachts setzte er sich hin und füllte seine Schubladen wieder auf, die er am Tag geleert hatte, und das tat er Nacht für Nacht, so daß die anderen nie den Eindruck gewannen, er habe nichts mehr zu geben; denn die Schubladen waren immer gefüllt. Nur ganz selten kam dem Menschen die bittere Frage: Ist es noch das, was sie von mir wollen? Wo ist dein Herz?

Die Menschen sagten ihm nicht, daß sie etwas ohne Herz bekamen. Sie taten, als seien sie zufrieden, mit allem, was er ihnen sagte – mit oder ohne Herz.

Da erwachte dieser gut funktionierende, mit sehr viel Anerkennung ausgezeichnete Mensch. Er sank in sich zusammen, wurde ganz klein, traurig und begann zu weinen: Ich habe mein Herz verloren, ich habe die Mitte preisgegeben, um der äußeren Leistung willen. Ich wollte groß sein und die Menschen nie durch ein Nein enttäuschen. Jetzt aber bin ich

213

der Kleinste. Denn ich habe mein Herz verloren. Ich habe es verloren, als ich die Schubladen immer wieder füllte und leeren ließ von denen, die alles mögliche von mir wollten, die nicht gefragt haben, ob hier ein Mensch ist, der ein Herz hat, das wärmt, das zärtlich ist und liebt.

Der riesengroße Mensch saß zusammengekauert in der Ecke und trauerte um sein verlorenes Herz. Er sann darüber nach, wo er es verloren hatte. Unter Tränen fiel ihm ein: Er hatte sich nie Zeit genommen auszuruhen, so daß sein Herz sich immer wieder mit Leben und Liebe füllen konnte. Er hatte versäumt, auf sein eigenes Herz zu hören und ihm zu geben, was es so sehr brauchte, um wirklich lebendig bleiben zu können."[31]

11.6
Wir bleiben immer Suchende

„Ich bin ein Sucher
Eines Weges
Zu allem was mehr ist
Als
Stoffwechsel
Blutkreislauf
Nahrungsaufnahme
Zellenzerfall.

Ich bin ein Sucher
Eines Weges
Der breiter ist
Als ich.

Nicht zu schmal.
Kein Ein-Mann-Weg.
Aber auch keine

Staubige, tausendmal
Überlaufene Bahn.

Ich bin ein Sucher
Eines Weges.
Sucher eines Weges
Für mehr als mich. "[32]   Günter Kunert

Anmerkungen

1 Aus: Pastorale Komunikation, Heft 63/1984, hrsg. von Franz Georg Friemel/Franz Schneider. Leipzig 1984
2 Ingmar Bergmann, Szenen einer Ehe. Berlin 1976, 179–181
3 Marianne Zarft, in: Heilberufe 33 (1981), 199, hrsg. vom Institut für Weiterbildung mittlerer medizinischer Fachkräfte
4 Aus: H. Arens/F. Richardt/J. Schulte, Kreativität und Predigtarbeit. München 1974, 82
5 Aus: Peter Bleeser, Geschichten zwischen Himmel und Erde. Düsseldorf 1985, 46
6 Bertolt Brecht, Kalendergeschichten. Hamburg 1992, 106
7 Aus: Peter Bleeser, aaO. (Anm. 5), 46
8 Otto und Felizitas Betz, Tastende Gebete. Texte zur Ortsbestimmung. München 1971, 59
9 Aus: Manfred Frigger, Frühschicht – Spätschicht. Impulse für Gebet und Gottesdienst. Freiburg i.Br. 1984, 65f; vgl. auch Anm. 12
10 Aus: Peter Bleeser, aaO. (Anm. 5), 103
11 Aus: Wie im Spiegel. Bildbetrachtungen von Fran Peter Sonntag, hrsg. von Syville Ziemann. Leipzig 1983, 56
12 Michael Ende, Momo. Stuttgart 1973, 36f
13 Aus: Christ in der Gegenwart, Heft 4/1991. Freiburg i.Br.
14 Aus: Miteinander – Füreinander. Vom Wunder menschlicher Begegnung. (Herderbücherei Sonderband 1991), Freiburg i.Br. 1991, 50
15 Aus: 255 Kurzgeschichten für Gottesdienst, Schule und Gruppe. Band 1, hrsg von Willi Hoffsümmer. Mainz 1983, 63
16 Friedel Hofbauer, in: Kindergarten und Mission, Heft 1/ 1984. Aachen 1984
17 Aus: Geschichten für Kranke, hrsg. von Willi Hoffsümmer. Mainz 1989, 18
18 Jörg Zink, Lichter und Geheimnisse. Gedanken zur Menschwerdung. Stuttgart 1976, 5

[19] Franz Kamphaus, Was die Stunde geschlagen hat. Worte, die den Mut wecken, hrsg. von Hanno Heil. Freiburg i.Br. ²1991, 27

[20] Ebd., 185

[21] Ich habe deine Tränen gesehen – Fragen zum Leiden und Sterben. Ein Begleiter auf der Suche nach Antworten, ausgew. von Markus Hartenstein. Stuttgart 1992, 34

[22] Vgl. Paul Sporken, Umgang mit Sterbenden. Medizinische, pflegerische und pastorale Aspekte der Sterbehilfe. (Topos TB, 18), Düsseldorf 1973, 42

[23] Ursula Nantke, Organisatorin der Regionalgruppe Bergisch Gladbach der dt. bundesweiten Vereinigung OMEGA – Mit dem Sterbenden leben e.V.; bisher unveröffentlichter Text

[24] Übers. von Peter Wilkinson aus: Sheila Cassidy, Good Friday People. London 1991, 189

[25] Howard Clinbell, Wachsen und Hoffen. München 1982, 9

[26] Aus: Sheila Cassidy, aaO. (Anm. 24), 189f

[27] Ladislaus Boros, In der Versuchung. Meditationen über den Weg zur Vollendung. Olten 1967, 23ff

[28] Aus: Auf Draht. Ein internes Forum zum Austausch von Erfahrungen und Informationen für ehrenamtliche und hauptamtliche Mitarbeiterinnen und Mitarbeiter der Telefonseelsorgestellen und Offenen Türen in der Bundesrepublik Deutschland, Heft 15/1990

[29] Hermann Hesse, Der Steppenwolf. Frankfurt am Main 1974, 17f

[30] Aus: Manfred Frigger, aaO. (Anm. 9), 40f

[31] Aus: Heinrich Pera/Bernd Weinert, Mit Leidenden unterwegs. Wo wir einander begegnen, sind wir Lebende. Leipzig 1991, 57f

[32] Aus: Peter Müller, Wer aufbricht, kommt auch heim. Vom Unterwegssein auf dem Jakobsweg. Eschbach 1993, 7

Lesehinweise

Ansohn, E.: Die Wahrheit am Krankenbett – Grundfragen einer ärztlichen Sterbehilfe. München

Ariès, Ph.: Geschichte des Todes. München 1978

Ders., Studien zur Geschichte des Todes im Abendland. München 1976

Bartholomäus, L.: Ich möchte an der Hand eines Menschen sterben. Mainz 1980

Beauvoir, S. de: Das Alter. Reinbek 1977

Becker, P./Eid, V. (Hg.): Begleitung von Schwerkranken und Sterbenden – Praktische Erfahrungen und wissenschaftliche Reflexion. Mainz 1984

Beutel, H./Tausch, D.: Sterben – eine Zeit des Lebens. Stuttgart 1989

Blumenthal-Barby, K.: Wenn ein Mensch stirbt ... Berlin 1986

Ders.: Betreuung Sterbender. Berlin [2]1984

Boff, L.: Was kommt nachher? Salzburg 1982

Boros, L.: Mysterium Mortis – Der Mensch in der letzten Entscheidung. Olten/Freiburg i.Br. [2]1963

Ders.: Über den Tod hinaus. Mainz 1972

Boulay, Sh. du/Saunders, C.: Ein Leben für Sterbende. Innsbruck 1978/Leipzig 1990

Brantschen, J.: Warum läßt der gute Gott uns leiden? Freiburg i.Br. [2]1995

Buckingham, R.W., Hospiz. Sterbende menschlich begleiten, Freiburg i.Br. 1993.

Canacakis, J.: Ich sehe deine Tränen – Trauern, klagen, leben können. Stuttgart 1988

Fasselt, G.: Die gemeinsame Verantwortung von Arzt und Seelsorger für die Kranken. Mainz 1987

Godzik, P./Muschawek, P.: Laßt mich doch zu Hause sterben. Gütersloh 1989

Grof, S.: Geburt, Tod und Transzendenz – Neue Dimensionen in der Psychologie. München 1985

Hermann, N.: Ich habe nicht umsonst geweint – Eine Krankenhausseelsorgerin erzählt. Zürich 1979

Juchli, L.: Pflegen, begleiten, leben – Kranke und Behinderte daheim. Basel 1987

Ders.: Ganzheitliche Pflege. Baunatal 1990

Ders.: Heilen durch Wiederentdeckung der Ganzheit. Stuttgart 1988

Kübler-Ross, E.: Interviews mit Sterbenden. Stuttgart 1971/ Berlin 1987

Dies.: Verstehen, was Sterbende sagen wollen. Stuttgart 1882

Dies.: Über den Tod und das Leben danach. Melsbach 1985

Lamerton, R.: Sterbenden Freund sein. Freiburg i.Br. 1991

Lamla, G.: Muß ich auch wandern in finstrer Schlucht. Freiburg i.Br. 1985

Lutterotti, K.: Menschenwürdiges Sterben – Kann sich die Gesellschaft auf das Gewissen des Arztes verlassen? Freiburg i.Br. [5]1990

Nouwen, H.J.: Sterben, um zu leben – Abschied von meiner Mutter. Freiburg i.Br. 1995

Pera, H.,/Weinert, B.: Mit Leidenden unterwegs. Leipzig 1991

Saunders, C.: Leben mit dem Sterben. München 1991

Schmitt-Scherzer, R.: Altern und sterben. München 1992

Schultz, H.-J.: Letzte Tage – Sterbegeschichten aus zwei Jahrtausenden. Stuttgart 1983

Schweidtmann, W.: Sterbebegleitung. Stuttgart 1991

Sölle, D.: Leiden – Themen der Theologie. Stuttgart/Berlin 1973

Stössel, J.P.: Tüchtig oder tot. Freiburg i.Br. 1991

Student, J.C.: Das Hospiz-Buch. Freiburg i.Br. 1989

Tausch, A.-M./Tausch, R.: Sanftes Sterben – Wie lernen wir, angstfreier mit dem Sterben umzugehen? Reinbek 1986

Kontaktadressen

Bei folgenden Adressen erhalten Sie aktuelle Auskunft, wo es in Ihrer Nähe Hospizgruppen gibt, die Hilfen und Dienste zur Sterbebegleitung anbieten; die entsprechende Telefonverbindung erhalten Sie bei der Telefonauskunft:

ALPHA Rheinland
von-Hompesch-Straße 8
53123 Bonn

ALPHA Westfalen
Salzburgweg 1
48145 Münster

Bayerischer Hospiz-
verband
Tiergartenstraße 19
96123 Litzendarf

Bundesarbeits-
gemeinschaft Hospiz
Steinweg 54
06110 Halle a.d. Saale

Christophorus Hospiz
Verein
Ligsalzstraße 32
80339 München

Franziskus Hospiz
Röntgenstraße 39
45661 Recklinghausen

Hospiz „Haus Hörn"
Johannes-von-den-
Driesch-Weg 4
52074 Aachen

Hospiz-Hausbetreuung
und Tages-Hospiz
Steinweg 54
06110 Halle a.d. Saale

IGSL
Im Rheinblick 16
55411 Bingen

Malteser Werke e.V.
Steinfelder Gasse
50670 Köln

NRW-Landesarbeits-
gemeinschaft
Hans-Josef Feldhagen
Pfarrgasse 6
57368 Lennestadt

Zu Hause sterben
Prof. Dr. J.C. Student
Blumhardtstraße 61
30625 Hannover

Menschenwürdig leben im Angesicht des Todes. Die Hospizbewegung und ihre Erfahrungen bei der Begleitung Sterbender.

224 Seiten, Paperback
ISBN 3-451-23116-6

Hospiz – damit bezeichnet man heute eine besondere Haltung und Lebensphilosophie gegenüber unheilbar Kranken und Sterbenden. Sterben und Tod werden als individuelle Lebensabschnitte begriffen, die in ihrer Verschiedenheit weder verkürzt noch künstlich verlängert werden sollen. Die Mitarbeiterinnen und Mitarbeiter der Hospizbewegung versuchen, dem Kranken bis zuletzt ein würdevolles und beschwerdenfreies Leben zu ermöglichen und darin zu einer humanen und respektvollen Gestaltung seiner verbleibenden Zeit beizutragen. Ein Ziel, an dem Ärzte, Psychologen, Seelsorger, Sozialpädagogen, Schwestern und Pfleger ebenso mitwirken wie Angehörige, Freunde und Bekannte – als Betreuende wie als Betreute.

Buckinghams Buch stellt Geschichte und Idee des modernen Hospizgedankens vor, vermittelt wichtige Erfahrungen aus der praktischen Hospizarbeit und erläutert dabei zentrale medizinische und gesundheitspolitische Aspekte dieser Form der Begleitung von Sterbenden und ihren Angehörigen.

Verlag Herder Freiburg · Basel · Wien